21 mujeres inspiradoras

La vida de mujeres valientes e influyentes del siglo XX: Kamala Harris, Madre Teresa y otras personalidades (Libro de biografías para jóvenes y adultos)

Por Student Press Books

Índice de contenidos

Introducción

Conoce a las mujeres influyentes del siglo XX - biografías para mayores de 12 años.

Bienvenido a la serie Empoderamiento femenino. Este libro le presenta a los intrépidos modelos de conducta del siglo XX. Con 21 mujeres inspiradoras, este libro presenta biografías inspiradoras de pioneras de todo el mundo.

Estas mujeres contribuyen a continuar el legado de personas intrépidas e influyentes que ejercieron libremente su identidad, sus ideas, su terquedad, su inteligencia y su valor.

21 audaces personalidades se encuentran una al lado de la otra en cada página para que usted las explore: Benazir Bhutto, Betty Friedan, Grace Hopper, Maya Angelou, Kamala Harris, Serena Williams, Sally Ride, Audrey Hepburn, Wangari Maathai, Wilma Rudolph, Gloria Steinem, Toni Morrison, Sandra Day O'connor, Althea Gibson, Yingluck Shinawatra, Gertrude B. Elion, Fannie Lou Hamer, Babe Didrikson Zaharias, la Madre Teresa, Angela Merkel y Tsai Ing-wen. Estas son 21 mujeres inspiradoras que desafiaron el sistema establecido.

Este libro de la serie Empoderamiento femenino cubre:

- Biografías fascinantes: lea sobre modelos femeninos famosos, influyentes e inspiradores.
- Retratos vívidos: haga que estas mujeres cobren vida en su imaginación con la ayuda de fotos o ilustraciones estimulantes.

Sobre la serie: La **serie Empoderamiento femenino** de Student Press Books presenta nuevas perspectivas sobre el **empoderamiento femenino** que inspirarán a los jóvenes lectores a considerar su lugar en una sociedad cada vez más diversa. ¿Quién será tu próxima fuente de inspiración?

21 mujeres inspiradoras va más allá de otros libros de biografías sobre el empoderamiento femenino para destacar temas y personas de todo el mundo y a través del tiempo. También es un gran regalo para cualquier hija, hermana, sobrina o nieta.

Tu regalo

Tienes un libro en tus manos.

No es un libro cualquiera, es un libro de Student Press Books. Escribimos sobre héroes negros, mujeres empoderadas, mitología, filosofía, historia y otros temas interesantes.

Ya que has comprado un libro, queremos que tengas otro gratis.

Todo lo que necesita es una dirección de correo electrónico y la posibilidad de suscribirse a nuestro boletín (lo que significa que puede darse de baja en cualquier momento).

¿A qué espera? Suscríbase hoy mismo y reclame su libro gratuito al instante. Todo lo que tiene que hacer es visitar el siguiente enlace e introducir su dirección de correo electrónico. Se le enviará el enlace para descargar la versión en PDF del libro inmediatamente para que pueda leerlo sin conexión en cualquier momento.

Y no te preocupes: no hay trampas ni cargos ocultos; sólo un regalo a la vieja usanza por parte de Student Press Books.

Visite este enlace ahora mismo y suscríbase para recibir un ejemplar gratuito de uno de nuestros libros.

Link: https://campsite.bio/studentpressbooks

Benazir Bhutto (1953-2007)

Ex primer ministro de Pakistán

"Se puede encarcelar a un hombre, pero no a una idea. Puedes exiliar a un hombre, pero no a una idea. Puedes matar a un hombre, pero no a una idea".

La primera mujer que alcanzó el liderazgo político de un país musulmán en los tiempos modernos fue Benazir Bhutto. En 1988 fue nombrada primera ministra de Pakistán para suceder al general Mohammad Zia ul-Haq, el hombre que había arrebatado el cargo a su padre y ordenado su ejecución. Benazir Bhutto ejerció dos mandatos como primera ministra, en 1988-1990 y en 1993-1996.

Benazir Bhutto nació el 21 de junio de 1953 en Karachi. Bhutto estudió en el extranjero, obteniendo títulos de la Universidad de Harvard, en Estados

Unidos, en 1973, y de la Universidad de Oxford, en Inglaterra, en 1977. Su padre, Zulfikar Ali Bhutto, dirigía Pakistán desde 1971, primero como presidente y luego como primer ministro, y ella le acompañaba a menudo en sus viajes oficiales. En julio de 1977 su gobierno fue derrocado en una revuelta dirigida por Zia. Su padre fue encarcelado y luego ahorcado en 1979. Entonces se convirtió en la jefa titular del partido político de su padre, el Partido Popular de Pakistán (PPP).

Durante los cinco años siguientes, Benazir Bhutto permaneció en prisión o bajo arresto domiciliario. Zia la envió al exilio en Londres en 1984. Después de que Zia levantara la ley marcial, regresó a casa con una bienvenida triunfal en 1986 y se convirtió en la principal figura de la oposición a su gobierno.

Tras la muerte de Zia en circunstancias misteriosas en un accidente aéreo en agosto de 1988, se celebraron elecciones libres. Bhutto llevó al PPP a la victoria y se convirtió en primera ministra de un gobierno de coalición en diciembre de 1988. Sin embargo, no pudo hacer mucho para combatir la pobreza generalizada de Pakistán y el aumento de la delincuencia. En agosto de 1990, el presidente del país, Ghulam Ishaq Khan, destituyó a su gobierno acusado de corrupción.

Su partido fue derrotado en las siguientes elecciones, y Benazir Bhutto se convirtió en la líder de la oposición en el parlamento de Pakistán. En las elecciones de octubre de 1993, su partido obtuvo una mayoría, y Bhutto volvió a ser primera ministra de un gobierno de coalición. Sin embargo, bajo nuevas acusaciones de corrupción y mala gestión económica, el gobierno de Bhutto fue destituido en 1996 por el presidente Farooq Leghari.

Bhutto se autoexilió en 1999, mientras se enfrentaba a cargos de corrupción. Mientras tanto, el general Pervez Musharraf tomó el poder y se convirtió en presidente. En 2007 concedió finalmente a Bhutto la amnistía por los cargos de corrupción, y ella regresó a Pakistán en octubre de ese año.

Benazir Bhutto fue asesinada en Rawalpindi el 27 de diciembre de 2007, mientras hacía campaña para las próximas elecciones nacionales. Su marido, Asif Ali Zardari, asumió la dirección del PPP.

La autobiografía de Bhutto, *Hija del Este*, se publicó en 1988. (También se publicó con el título de *Hija del Destino* en 1989.) Su libro *Reconciliación: Islam, Democracia y Occidente* se publicó después de su muerte, en 2008.

Destacados

- Benazir Bhutto es una política pakistaní que se convirtió en la primera mujer líder de una nación musulmana en la historia moderna. Fue Primera Ministra de Pakistán durante dos mandatos, de 1988 a 1990 y de 1993 a 1996.
- Tras la ejecución de su padre en 1979 durante el gobierno del dictador militar Mohammad Zia-ul-Haq, Bhutto se convirtió en la jefa titular del partido de su padre, el Partido Popular de Pakistán (PPP), y soportó frecuentes arrestos domiciliarios desde 1979 hasta 1984.
- Legalmente separado y libre de las restricciones impuestas al PPP por el liderazgo de Bhutto, el PPPP participó en las elecciones de 2002, en las que obtuvo una fuerte votación. Sin embargo, las condiciones de Bhutto para cooperar con el gobierno militar -que se retiraran todos los cargos contra ella y contra su marido- siguieron siendo denegadas.

Preguntas de investigación

---

1. ¿Cuáles son sus superhéroes femeninos favoritos y por qué?
2. ¿Cómo cambiarían las cosas si el feminismo no se hubiera inventado todavía hoy?
3. ¿Quién es su icono feminista favorito?

Betty Friedan (1921-2006)

Escritora y activista feminista estadounidense

"Es más fácil vivir a través de otra persona que llegar a ser completo uno mismo".

La autora y feminista estadounidense Betty Friedan es conocida por su libro La mística femenina (1963), que cuestiona los roles tradicionales de la mujer. En 1966 cofundó la Organización Nacional de Mujeres (NOW), un grupo de derechos civiles dedicado a lograr la igualdad de oportunidades para las mujeres.

Bettye Naomi Goldstein nació el 4 de febrero de 1921 en Peoria, Illinois. En 1942 se graduó en psicología en el Smith College. Pasó un año de trabajo de posgrado en la Universidad de California en Berkeley y luego se trasladó a la ciudad de Nueva York. Después de trabajar en varios empleos hasta 1947, se casó con Carl Friedan (divorciado en 1969). Durante los diez años siguientes vivió como ama de casa y madre en los suburbios de

Nueva York, al tiempo que realizaba trabajos independientes para varias revistas.

En 1957 **Betty Friedan** hizo circular una encuesta entre sus compañeras de Smith y descubrió que muchas de ellas estaban, como ella, insatisfechas con sus vidas. Para profundizar en su investigación, inició un amplio estudio sobre el tema, que incluía cuestionarios más detallados, entrevistas y conversaciones con psicólogos y otros expertos en comportamiento. Finalmente, publicó sus conclusiones en su libro de referencia de 1963, *La mística femenina*.

La mística femenina fue un best seller inmediato y controvertido, y se tradujo a varias lenguas extranjeras. Su título procede de un término que Friedan utilizó para describir el sentimiento de inutilidad personal que se produce cuando una mujer acepta un papel designado que le exige depender intelectual, económica y emocionalmente de su marido.

La tesis principal de **Betty** Friedan era que las mujeres estaban sometidas a un sistema generalizado de ilusiones y falsos valores bajo el cual se les animaba a encontrar la realización, incluso la identidad, de forma vicaria a través de los maridos e hijos a los que se esperaba que dedicaran alegremente sus vidas. Este papel restringido de esposa-madre conducía casi inevitablemente a una sensación de irrealidad o de falta de bienestar espiritual general en ausencia de un trabajo genuino, creativo y autodefinido.

Como presidenta de NOW de 1966 a 1970, Friedan dirigió campañas a favor de una mayor representación de las mujeres en el gobierno, de guarderías para las madres trabajadoras y de la legalización del aborto y otras reformas. En su momento, NOW fue una de las mayores organizaciones del **movimiento feminista** y posiblemente la más eficaz.

Tras dejar la presidencia, Friedan ayudó a organizar la Huelga de Mujeres por la Igualdad -celebrada el 26 de agosto de 1970, en el 50º aniversario del sufragio femenino- y fue una de las líderes de la campaña para la ratificación de la propuesta de **Enmienda de Igualdad de Derechos** a la Constitución de Estados Unidos. **Betty Friedan** fue miembro fundador del National Women's Political Caucus (1971), y se convirtió en directora del First Women's Bank and Trust Company en 1973.

Betty Friedan fue autora de varios libros a lo largo de su carrera, entre ellos *It Changed My Life: Writings on the Women's Movement* (1976); *The Second Stage* (1981), una evaluación de la situación del movimiento feminista; y *The Fountain of Age* (1993), una exploración de la psicología de la vejez.

Betty Friedan publicó sus memorias, *Life So Far*, en 2000. Murió el 4 de febrero de 2006 en Washington, D.C.

Destacados

- Bettye Goldstein se licenció en psicología en el Smith College en 1942 y, tras un año de estudios de posgrado en la Universidad de California, Berkeley, se instaló en Nueva York.
- La mística femenina (1963), que exploraba las causas de las frustraciones de las mujeres modernas en los roles tradicionales, fue un best seller inmediato y controvertido y se tradujo a varias lenguas extranjeras.
- Miembro fundador del National Women's Political Caucus (1971), dijo que se organizó "para hacer política, no café".
- En 1976 Friedan publicó It Changed My Life: Writings on the Women's Movement y en 1981 The Second Stage, una evaluación de la situación del movimiento feminista.
- The Fountain of Age (1993) aborda la psicología de la vejez e insta a revisar la visión de la sociedad de que envejecer significa pérdida y agotamiento.

Preguntas de investigación

---

1. ¿Cuál es el tipo de mujer a la que acudirías si necesitaras un buen consejo?
2. ¿Cree que la opresión que nuestra sociedad ejerce sobre las mujeres ha favorecido o dificultado que alcancen su potencial?
3. ¿Cómo cree que la sociedad podría cambiar y promover la igualdad de forma más efectiva para ambos géneros?

Grace Hopper (1906-1992)

Matemático, informático y oficial de la marina

"El liderazgo es una calle de doble sentido, lealtad hacia arriba y lealtad hacia abajo. Respeto a los superiores; cuidado de la tripulación".

Grace Hopper fue una matemática, informática y contralmirante de la Marina estadounidense. Hopper ayudó a idear el UNIVAC I, el primer ordenador electrónico comercial. Fue pionera en el desarrollo de la tecnología informática, especialmente de los compiladores, que traducen las instrucciones del programador en códigos informáticos.

Grace Hopper dirigió el equipo que desarrolló el primer compilador que utilizaba principalmente comandos en inglés, en lugar de comandos que se parecían a la notación matemática. Este avance hizo que la programación informática fuera más accesible para personas que no eran matemáticos. El compilador, llamado Flow-Matic, fue un importante precursor del lenguaje informático COBOL.

Grace Hopper nació como Grace Brewster Murray el 9 de diciembre de 1906 en Nueva York. Se licenció en el Vassar College, en Poughkeepsie, Nueva York, en 1928. Grace Hopper cursó estudios de posgrado en la Universidad de Yale, en New Haven, Connecticut, y obtuvo un máster en 1930 y un doctorado en 1934.

Hopper enseñó matemáticas en Vassar antes de alistarse en la Reserva Naval de Estados Unidos en 1943. Se convirtió en teniente y fue asignada al Proyecto de Computación de la Oficina de Ordenación en la Universidad de Harvard en 1944. En Harvard, Hopper trabajó con Howard Aiken en la Mark I, la primera calculadora automática a gran escala y precursora de los ordenadores electrónicos.

Grace Hopper permaneció en Harvard como investigadora civil mientras mantenía su carrera naval como reservista. Después de que una polilla se metiera en los circuitos del Mark I, acuñó el término bug para referirse a los fallos inexplicables de los ordenadores.

En 1949, Hopper se incorporó a Eckert-Mauchly Computer Corp. donde diseñó un compilador mejorado. Permaneció en la empresa cuando ésta fue adquirida por Remington Rand y por Sperry Rand Corp. En 1957, la división de Hopper desarrolló el Flow-Matic, el primer compilador de procesamiento de datos en inglés. Más tarde, Hopper ideó aplicaciones navales en COBOL.

Grace Hopper se retiró de la marina con el rango de comandante en 1966. Al año siguiente, sin embargo, Hopper fue llamada al servicio activo para ayudar a estandarizar los lenguajes informáticos de la marina. A la edad de 79 años, Grace Hopper era la oficial de más edad en servicio activo de la marina estadounidense cuando se retiró de nuevo en 1986.

Grace Hopper fue elegida miembro del Instituto de Ingenieros Eléctricos y Electrónicos en 1962. En 1969, Hopper fue nombrado el primer "hombre del año" de la informática por la Asociación de Gestión de Procesamiento de Datos. Hopper recibió la Medalla Nacional de Tecnología en 1991. Grace Hopper murió el 1 de enero de 1992 en Arlington, Virginia.

Destacados

- Se convirtió en teniente y fue asignada al Proyecto de Computación de la Oficina de Ordenación en la Universidad de Harvard (1944), donde trabajó en la Mark I, la primera calculadora automática a gran escala y precursora de los ordenadores electrónicos.
- Escribió el primer manual de informática, A Manual of Operation for the Automatic Sequence Controlled Calculator (1946), que describía el funcionamiento de Mark I y fue el primer tratamiento extenso de cómo programar un ordenador.
- El desarrollo de compiladores para COBOL por parte de Grace Hopper y su firme defensa del lenguaje hicieron que se extendiera su uso en la década de 1960.
- Hopper se retiró de la marina con el rango de comandante en 1966, pero fue llamada al servicio activo al año siguiente para ayudar a estandarizar los lenguajes informáticos de la marina.

Preguntas de investigación

---

1. Si pudiera dar un solo consejo a una mujer que quiera ser influyente y tener poder, ¿cuál sería?
2. ¿Quiénes son algunas de las mujeres más poderosas en ciencia, tecnología, ingeniería y matemáticas que usted conoce?
3. ¿Qué es lo más importante de ser una mujer líder de lo que la gente no suele hablar?

Margaret Thatcher (1925-2013)

La primera mujer en ser Primera Ministra del Reino Unido

Cuando la gente es libre de elegir, elige la libertad

La primera mujer en ser elegida Primera Ministra del Reino Unido fue Margaret Thatcher, que también fue la primera mujer en ocupar ese cargo en la historia de Europa. Fue la primera primera ministra desde la década de 1820 en ganar tres elecciones consecutivas y ocupó el cargo más tiempo que cualquier otro dirigente británico del siglo XX.

Margaret Hilda Roberts nació el 13 de octubre de 1925 en Grantham, Lincolnshire, Inglaterra. Hizo gestiones para el Partido Conservador en las elecciones de 1935 y mantuvo esta asociación como miembro de la Asociación Conservadora de la Universidad de Oxford. Licenciada en ciencias por Oxford, trabajó como química de investigación.

Sus primeros intentos de obtener un escaño en el Parlamento fueron en 1950 y 1951. Perdió ambas elecciones. En 1951 se casó con el empresario Denis Thatcher. Para prepararse para la política, Thatcher comenzó a estudiar derecho, con énfasis en la política fiscal y de patentes. En 1959 se presentó de nuevo al Parlamento por un distrito conservador del norte de Londres y ganó.

Margaret Thatcher fue secretaria del Ministerio de Pensiones y Seguros de 1961 a 1964 y secretaria de Estado de Educación y Ciencia en el Gabinete de Edward Heath de 1970 a 1974. Después de que el Partido Conservador perdiera dos elecciones generales en 1974, Thatcher siguió a Heath al frente del partido. Cuando el Partido Conservador ganó las elecciones de 1979, se convirtió en Primera Ministra.

Margaret Thatcher pertenecía al ala más conservadora de su partido, y defendía los recortes fiscales, el fin de los controles gubernamentales y la reducción del gasto público. Sus primeras políticas provocaron un desempleo generalizado y varias quiebras de empresas. Sin embargo, una victoria popular en el conflicto de las Malvinas de 1982 la llevó a una victoria aplastante en las elecciones de 1983. Su estatura como líder mundial aumentó cuando visitó la Unión Soviética en marzo de 1987, menos de tres meses antes de obtener otra notable victoria.

El objetivo declarado de Margaret Thatcher era "destruir el socialismo". Su "revolución inacabada" para remodelar la vida política, económica y social británica -principalmente a través de la privatización- se denominó thatcherismo. Debido a su fuerte liderazgo, se la llamó la Dama de Hierro.

Margaret Thatcher apoyó la alianza de la OTAN y las Comunidades Europeas, aunque su oposición a la integración de "Europa 1992" afectó negativamente a su popularidad y contribuyó a su dimisión en noviembre de 1990.

A pesar de su retirada oficial del cargo, Thatcher siguió proyectando su sombra sobre la política mundial. Se opuso con especial firmeza a la participación de Gran Bretaña en varias instituciones de la Unión Europea, y Thatcher expuso su posición en su libro Statecraft: Strategies for a Changing World (2002).

En 1991 Thatcher creó la Fundación Margaret Thatcher, que promueve la democracia y el libre mercado, especialmente en los antiguos países comunistas de Europa Central y del Este. En 1992 fue nombrada dama vitalicia de la Cámara de los Lores, y en 1995 la Reina Isabel II le concedió la Orden de la Jarretera, el más alto honor civil y militar británico. En marzo de 2002, tras sufrir una serie de pequeños accidentes cerebrovasculares, anunció su retirada de la vida pública. Margaret Thatcher murió el 8 de abril de 2013 en Londres, Inglaterra.

Destacados

- Margaret Thatcher llevó a los conservadores a una decisiva victoria electoral en 1979, tras una serie de grandes huelgas durante el invierno anterior (el llamado "Invierno del Descontento") bajo el gobierno laborista de James Callaghan.
- Thatcher llegó al poder prometiendo frenar el poder de los sindicatos, que habían demostrado su capacidad para paralizar el país durante seis semanas de huelgas en el invierno de 1978-1979.
- La segunda mitad del mandato de Thatcher estuvo marcada por una inextinguible polémica sobre la relación de Gran Bretaña con la Comunidad Europea (CE). En 1984, Margaret Thatcher consiguió, en medio de una feroz oposición, reducir drásticamente la contribución británica al presupuesto de la CE.

Preguntas de investigación

---

1. ¿A quién preferirías tener como jefe? ¿Margaret Thatcher o Donald Trump?
2. En sus últimos años, ¿qué inspiró a Thatcher a hacer una declaración polémica?
1. ¿Qué haría diferente si estuviera al frente del Reino Unido?

Kamala Harris (nacida en 1964)

Vicepresidente de los Estados Unidos

"Espero que al ser una 'primera', inspire a los jóvenes a perseguir sus sueños".

La política demócrata Kamala Harris se convirtió en vicepresidenta de Estados Unidos en 2021. Harris fue la primera mujer, la primera persona de raza negra y la primera estadounidense de origen asiático en ocupar ese cargo. Desde 2017 Harris había ejercido como senadora de los Estados Unidos en representación del estado de California. Harris fue la primera estadounidense de origen indio en servir como senadora de Estados Unidos, así como la segunda mujer negra en hacerlo.

Kamala Harris hizo campaña para ser la candidata demócrata en las elecciones presidenciales de 2020. Tras abandonar la carrera, Joe Biden la eligió como su compañera de fórmula para la vicepresidencia.

Kamala Devi Harris nació el 20 de octubre de 1964 en Oakland, California. Su padre, jamaicano, enseñaba en la Universidad de Stanford. Su madre, hija de un diplomático indio, era investigadora del cáncer. Kamala Harris estudió ciencias políticas y economía en la Universidad de Howard, donde se licenció en 1986. Se licenció en Derecho por la Facultad de Derecho Hastings de la Universidad de California, en San Francisco, en 1989.

Kamala Harris se ganó una reputación de dureza como ayudante del fiscal del distrito (1990-98) en Oakland, donde procesó casos de violencia de bandas, tráfico de drogas y abusos sexuales. Posteriormente dirigió la División de Niños y Familias de la Fiscalía de la Ciudad de San Francisco. En 2003 fue elegida fiscal del distrito de San Francisco. En 2010 fue elegida fiscal general de California por un estrecho margen de menos del 1%. Cuando asumió el cargo al año siguiente, se convirtió en la primera mujer y la primera persona negra en ocupar el puesto.

Como fiscal general, Kamala Harris demostró a menudo su independencia política, como cuando rechazó las presiones del gobierno del presidente Barack Obama para llegar a un acuerdo en una demanda nacional contra prestamistas hipotecarios por prácticas desleales. En lugar de ello, presionó en el caso de California y en 2012 consiguió una sentencia cinco veces superior al acuerdo ofrecido inicialmente.

Kamala Harris se dio a conocer a nivel nacional cuando pronunció un memorable discurso en la Convención Nacional Demócrata de 2012. Considerada ampliamente como una estrella en ascenso dentro del partido, fue reclutada para postularse al escaño en el Senado de Estados Unidos que ocupaba Barbara Boxer, quien se retiraba. A principios de 2015 anunció su candidatura. En la campaña, pidió reformas en materia de inmigración y justicia penal, aumentos del salario mínimo y protección de los derechos reproductivos de las mujeres. Kamala Harris ganó las elecciones de 2016 por casi tres millones de votos.

Después de asumir el cargo en enero de 2017, Kamala Harris comenzó a servir en el Comité Selecto de Inteligencia y en el Comité Judicial, entre otras asignaciones. Se hizo conocida por su estilo acusador al interrogar a los testigos durante las audiencias. En junio de 2017 llamó especialmente la atención por sus preguntas al fiscal general de Estados Unidos, Jeff Sessions, que estaba testificando ante el comité de inteligencia sobre la supuesta injerencia rusa en las elecciones presidenciales de 2016. Anteriormente había pedido a Sessions que dimitiera.

Las memorias de Harris, *The Truths We Hold: An American Journey*, se publicaron en enero de 2019. Poco después, Kamala Harris anunció que aspiraba a la candidatura presidencial demócrata en 2020. Tuvo un buen desempeño en los primeros debates, pero le costó mantener su impulso en la carrera presidencial. Kamala Harris abandonó la carrera a principios de diciembre de 2019.

En agosto de 2020, Biden, que se convertiría en el candidato presidencial demócrata, nombró a Harris como su compañera de fórmula. Kamala Harris se convirtió en la primera mujer negra y la primera india-americana en presentarse a la vicepresidencia como candidata de un gran partido nacional. Las elecciones se celebraron el 3 de noviembre. A medida que se contaban los votos en los días siguientes, quedó claro que Biden y Harris ganarían una mayoría decisiva de los votos del colegio electoral sobre sus oponentes, Donald Trump y Mike Pence. Biden y Harris también ganaron el voto popular por varios millones de votos.

En las semanas posteriores a las elecciones, Trump y varios otros líderes republicanos cuestionaron los resultados, alegando sin fundamento que había habido un fraude electoral masivo. Aunque Trump y sus aliados interpusieron varias demandas, no se aportó ninguna prueba que respaldara las acusaciones. La gran mayoría de los casos fueron desestimados. A principios de diciembre de 2020, todos los estados habían certificado los resultados de las elecciones. Aun así, Trump siguió pidiendo a los republicanos que anularan las elecciones.

El proceso pasó entonces al Congreso para la certificación final. Poco después de iniciarse el proceso, el 6 de enero de 2021, una turba de partidarios de Trump irrumpió en el Capitolio. Se necesitaron varias horas para asegurar el edificio, pero Biden y Harris fueron finalmente certificados como ganadores. Kamala Harris denunció más tarde el asedio -que muchos creían que Trump había incitado- como "un asalto a la democracia de Estados Unidos." El 18 de enero renunció oficialmente al Senado. Dos días después, Kamala Harris juró su cargo como la 49ª vicepresidenta del país.

Destacados

- Kamala Harris fue senadora de Estados Unidos (2017-2021) y fiscal general de California (2011-2017).
- Kamala Harris, en su totalidad Kamala Devi Harris, se convirtió en una de las principales defensoras de la reforma de la justicia social tras la muerte en mayo de 2020 de George Floyd, un afroamericano que había estado bajo custodia policial.
- En noviembre de 2020, Kamala Harris se convirtió en la primera mujer negra en ser elegida la 49ª vicepresidenta de Estados Unidos (2021 -) en la administración demócrata del presidente Joe Biden.

Preguntas de investigación

---

1. Si pudiera cambiar algo del mundo, ¿qué sería y por qué?
2. ¿Quiénes son algunas de sus mujeres poderosas favoritas de la historia y qué las hace tan especiales para usted?
3. ¿Hay alguien en el mundo real que te inspire? ¿Qué ha hecho que haya tenido un impacto en tu vida actual?

Serena Williams (nacida en 1981)

Tenista estadounidense

"Tengo la suerte de que, por mucho miedo que tenga dentro, mis ganas de ganar son siempre más fuertes. "

Serena Williams fue una fuerza dominante en su deporte a principios del siglo XXI. Poseedora de una fuerte derecha, un saque rápido y agresivo y una magnífica capacidad atlética, Williams revolucionó el juego profesional femenino con su poderoso estilo de juego.

Serena Williams nació el 26 de septiembre de 1981 en Saginaw, Michigan. Ella y su hermana mayor, Venus, fueron introducidas en el tenis a los 4 años por su padre, Richard, cuyo objetivo declarado era criarlas para que fueran campeonas. El improbable ascenso de las hermanas comenzó en pistas públicas de mala calidad en Los Ángeles, California. Ambas jugaron partidos de exhibición contra importantes profesionales antes de llegar a la adolescencia. En 1991 la familia se trasladó a Florida, donde las hermanas se inscribieron en una academia de tenis.

El debut profesional de Serena Williams se produjo en 1995. Dos años más tarde, en su quinto torneo profesional, superó a Mary Pierce, séptima clasificada, y a Monica Seles, cuarta, para alcanzar las semifinales de la Copa Ameritech de Chicago. Con el número 304, Williams era la jugadora con el ranking más bajo de la historia que había vencido a dos jugadoras del Top 10 en el mismo torneo. Tras la competición, su clasificación mundial de individuales se disparó hasta el puesto 102.

Las expectativas sobre Serena Williams comenzaron a crecer rápidamente. Su padre hizo declaraciones atrevidas a los medios de comunicación sobre sus talentosas hijas, que firmaron sendos contratos multimillonarios de patrocinio. Menos de un año después, en junio de 1998, alcanzó el top 20. En abril de 1999 -después de haber derrotado a Amelie Mauresmo para ganar el Abierto de París en pista cubierta, a Steffi Graf para ganar el torneo de maestros de Indian Wells y a Martina Hingis en las semifinales del Campeonato Lipton-, Williams entró en el top ten en el número nueve.

La campeona, de 17 años, alcanzó el número cuatro tras ganar el Abierto de Estados Unidos ese mismo año. Como séptima cabeza de serie del torneo, Serena Williams fue la mujer con menor número de cabezas de serie en ganar el título del Abierto de Estados Unidos desde el comienzo de la era abierta en 1968. Williams fue la segunda mujer afroamericana en ganar un evento del Grand Slam, tras las victorias de Althea Gibson en 1957-58.

Serena Williams consiguió otros tres títulos de Grand Slam en 2002, ganando el Abierto de Francia, Wimbledon y el Abierto de Estados Unidos y derrotando a Venus en las finales de cada torneo. Aunque Serena había terminado las temporadas 2000 y 2001 en el sexto puesto, tras su victoria en el Abierto de Francia en 2002 ascendió al número dos, sólo por detrás de Venus. Las hermanas Williams fueron las primeras hermanas en ocupar los dos primeros puestos de la clasificación mundial al mismo tiempo.

El 8 de julio de 2002, tras ganar el título de Wimbledon, Serena Williams superó a Venus en la clasificación por el primer puesto. En 2003 ganó el Abierto de Australia y Wimbledon, superando de nuevo a su hermana en la final. Serena Williams ganó el Abierto de Australia seis veces más (2005, 2007, 2009, 2010, 2015, 2017) y se hizo con el título del Abierto de Estados Unidos por tercera vez en 2008.

En 2009, Serena Williams consiguió su tercer título individual de Wimbledon, derrotando de nuevo a su hermana, y defendió con éxito el título en 2010. Posteriormente, Serena luchó contra varios problemas de salud que la mantuvieron alejada de las pistas durante casi un año. En 2012 ganó su quinto título individual de Wimbledon y su cuarto título del Abierto de Estados Unidos. En 2013, Serena ganó su segundo campeonato individual del Abierto de Francia y su quinto título del Abierto de Estados Unidos. En 2014 defendió con éxito su campeonato del Abierto de Estados Unidos, lo que le dio 18 títulos de Grand Slam en su carrera, empatando con Chris Evert y Martina Navratilova en el segundo total de individuales femeninos de la era abierta.

Además de ganar el Abierto de Australia en 2015, Serena Williams ganó su tercer Abierto de Francia y su sexto título de Wimbledon ese año. Volvió a ganar Wimbledon en 2016 para aumentar su número de títulos individuales de Grand Slam en su carrera a 22, lo que la empató con Graf en el mayor número de Slams en la era abierta tanto para mujeres como para hombres. En 2017 consiguió su récord de 23 títulos de Grand Slam en individuales con una victoria sobre su hermana en la final del Abierto de Australia. En abril de ese año, Serena Williams anunció que estaba embarazada (se había comprometido en 2016) y que se perdería el resto de la temporada 2017. Solo 10 meses después de dar a luz a una hija, llegó a la final de Wimbledon en julio de 2018, pero perdió el partido contra Angelique Kerber.

Las hermanas Williams también batieron récords como un formidable equipo de dobles. En los Juegos Olímpicos de 2000 en Sídney (Australia), su contundente victoria por 6-1 y 6-1 sobre el equipo holandés las convirtió en las primeras hermanas en ganar una medalla de oro en la competición de dobles. Las hermanas volvieron a ganar el oro en la [illegible] lobles en los Juegos de 2008 en Pekín (China) y en los de 2012 en Londres (Inglaterra), donde Serena Williams también se hizo con la medalla de oro en individuales.

Además, las hermanas consiguieron los títulos de dobles en los cuatro torneos del Grand Slam: el Abierto de Estados Unidos en 1999 y 2009, el Abierto de Francia en 1999 y 2010, Wimbledon en 2000, 2002, 2008, 2009 y 2012, y el Abierto de Australia en 2001, 2003, 2009 y 2010.

Destacados

- Serena Williams es una tenista estadounidense que revolucionó el tenis femenino con su poderoso estilo de juego y que ganó más títulos individuales de Grand Slam (23) que cualquier otra mujer u hombre durante la era abierta.
- Serena Williams aprendió a jugar al tenis con su padre en las pistas públicas de Los Ángeles y se hizo profesional en 1995, un año después que su hermana Venus.
- Serena Williams batió el récord de Graf en el Abierto de Australia de 2017, donde derrotó a su hermana Venus en la final.
- En abril de ese año, Williams anunció que estaba embarazada (se había comprometido con Alexis Ohanian, cofundador del sitio web Reddit, en diciembre de 2016) y que se perdería el resto de la temporada 2017.

Preguntas de investigación

---

1. ¿Hay alguna mujer que crea que no ha sido apreciada o que no se le ha dado suficiente crédito por el buen trabajo que hace? ¿Por qué y qué han hecho?
2. ¿Qué mujer diría que ha influido en su éxito, o en quién se ha inspirado para llegar a donde está hoy?
3. ¿Qué deberíamos enseñar a las niñas de todo el mundo sobre los derechos de la mujer y su representación en la sociedad?

Sally Ride (1951-2012)

Astronauta estadounidense

"Es fácil dormir flotando, es muy cómodo. Pero hay que tener cuidado de no chocar con alguien o algo".

En 1983 la astronauta Sally Ride se convirtió en la primera mujer estadounidense en viajar al espacio. Sólo otras dos mujeres la precedieron en el espacio: Valentina Tereshkova (en 1963) y Svetlana Savitskaya (en 1982), ambas de la antigua Unión Soviética.

Sally Kristen Ride nació el 26 de mayo de 1951 en Encino, California. Ride se mostró muy prometedora en sus inicios como tenista, pero finalmente renunció a sus planes de jugar profesionalmente y asistió a la Universidad de Stanford.

Sally Ride se licenció en 1973 en inglés y física. En 1978, como candidata al doctorado y ayudante de cátedra de física láser en Stanford, fue seleccionada por la Administración Nacional de Aeronáutica y del Espacio (NASA) como una de las seis mujeres candidatas a astronauta.

Sally Ride se doctoró en astrofísica y comenzó sus cursos de formación y evaluación ese mismo año. En agosto de 1979 completó su formación en la NASA, obtuvo una licencia de piloto y se convirtió en elegible para ser asignada como especialista en misiones del transbordador espacial estadounidense.

El 18 de junio de 1983, Sally Ride se convirtió en la primera mujer estadounidense en el espacio al ponerse en órbita a bordo del transbordador espacial *Challenger*. La misión del transbordador duró seis días, durante los cuales ayudó a desplegar dos satélites de comunicaciones y a realizar diversos experimentos.

Ride participó en una segunda misión espacial a bordo *del Challenger* en octubre de 1984. La tripulación incluía a otra mujer, la amiga de la infancia de Ride, Kathryn Sullivan, que se convirtió en la primera mujer estadounidense en caminar por el espacio.

Ride se entrenaba para una tercera misión del transbordador cuando el *Challenger* explotó tras el lanzamiento en enero de 1986, una catástrofe que hizo que la NASA suspendiera los vuelos del transbordador durante más de dos años. Sally Ride formó parte de la comisión presidencial designada para investigar el accidente. Ride repitió ese papel como miembro de la comisión que investigó la rotura en vuelo del transbordador *Columbia* en febrero de 2003.

Sally Ride dimitió de la NASA en 1987, y en 1989 se convirtió en profesora de física en la Universidad de California, San Diego, y directora de su Instituto Espacial de California (hasta 1996). En 1999-2000 ocupó cargos ejecutivos en Space.com, un sitio web que presenta contenidos sobre el espacio, la astronomía y la tecnología.

A partir de la década de 1990, Sally Ride inició o dirigió una serie de programas y organizaciones dedicados a fomentar la ciencia en la educación, en particular a proporcionar apoyo a las escolares interesadas en la ciencia, las matemáticas o la tecnología.

Sally Ride también escribió o colaboró en varios libros infantiles sobre la exploración espacial y sus experiencias personales como astronauta. Murió en La Jolla, California, el 23 de julio de 2012. En 2013 Ride recibió a título póstumo la Medalla Presidencial de la Libertad.

Destacados

- Sally Ride fue una gran promesa en sus inicios como tenista, pero finalmente renunció a sus planes de jugar profesionalmente y asistió a la Universidad de Stanford, donde se licenció en inglés y física (1973).
- En 1978, siendo candidata al doctorado y ayudante de cátedra de física láser en Stanford, fue seleccionada por la Administración Nacional de Aeronáutica y del Espacio (NASA) como una de las seis mujeres candidatas a astronauta.
- Sally Ride se doctoró en astrofísica y comenzó sus cursos de formación y evaluación ese mismo año.
- El 18 de junio de 1983, Ride se convirtió en la primera mujer estadounidense en el espacio al ponerse en órbita a bordo del transbordador Challenger.

Preguntas de investigación

---

1. ¿Cómo podría ser la igualdad de género en tu país (o en la vida actual)?
2. ¿Quién te recuerda en la vida real cómo es el feminismo porque lo vive con sus palabras o acciones?
3. ¿Cuál ha sido el discurso más inspirador que ha escuchado?

Audrey Hepburn (1929-1993)

Actriz estadounidense

"A medida que crezcas descubrirás que tienes dos manos. Una para ayudarte a ti mismo, la otra para ayudar a los demás".

La actriz británica de origen belga Audrey Hepburn iluminó la pantalla y creó papeles cinematográficos inolvidables con sofisticación y glamour. En los últimos años también fue reconocida como incansable embajadora de buena voluntad del Fondo de las Naciones Unidas para la Infancia (UNICEF). Audrey Hepburn fue una de las principales defensoras de los niños de los países en desarrollo.

Hepburn nació como Audrey Kathleen Ruston el 4 de mayo de 1929 en Bruselas, Bélgica. Sus padres eran la baronesa holandesa Ella Van Heemstra y Joseph Victor Anthony Ruston. Su padre adoptó posteriormente el apellido Hepburn-Ruston. Se creía descendiente de James Hepburn, cuarto conde de Bothwell (noble escocés y tercer marido de María, reina de Escocia). Audrey tenía la nacionalidad británica por vía paterna y asistió a la escuela en Inglaterra cuando era niña. Su padre abandonó la familia cuando Audrey Hepburn tenía seis años.

En 1939, al comienzo de la Segunda Guerra Mundial, su madre trasladó a Audrey a los Países Bajos. Pensó que el país neutral sería más seguro que Inglaterra. Durante la guerra, Audrey tuvo que soportar las dificultades de la Holanda ocupada por los nazis.

Sin embargo, Audrey Hepburn siguió asistiendo a la escuela y tomando clases de ballet. Durante este tiempo, su madre cambió temporalmente el nombre de Audrey por el de Edda Van Heemstra. Le preocupaba que el nombre de nacimiento de Audrey revelara su herencia británica. Después de la guerra, Audrey siguió estudiando ballet en Ámsterdam y en Londres, Inglaterra.

Durante sus primeros 20 años, Audrey Hepburn estudió interpretación y trabajó como modelo y bailarina. Hepburn también empezó a conseguir algunos pequeños papeles en el cine, acreditada como Audrey Hepburn.

Durante el rodaje de una película en Monte-Carlo, Mónaco, Audrey Hepburn conoció a la novelista francesa Colette. Colette insistió en que Hepburn protagonizara en Broadway una adaptación en 1951 de su novela Gigi (1944). A pesar de su inexperiencia, Hepburn obtuvo muy buenas críticas.

Su gran oportunidad en el cine llegó con la película estadounidense Roman Holiday (1953). Audrey Hepburn encantó al público con su interpretación de una princesa de gran espíritu que se enamora de un periodista, interpretado por Gregory Peck. La interpretación de Hepburn le valió un premio de la Academia como mejor actriz. Su corte de pelo y su atuendo de marimacho crearon un furor de la moda, la primera de las muchas tendencias que Hepburn marcó.

En 1954 Audrey Hepburn ganó un premio Tony por su actuación en Ondine. Actuó junto a Mel Ferrer, con quien se casaría ese mismo año. Aunque Hepburn no volvió a Broadway, siguió deleitando a los espectadores en comedias románticas ligeras. Entre ellas se encuentra Sabrina (1954), en la que Hepburn interpreta a la hija de un chófer que mantiene una relación romántica con William Holden y Humphrey Bogart.

Otra fue Funny Face (1957), en la que Hepburn interpretó a una dependienta de una librería convertida en modelo de moda. Durante esta época, Hepburn también protagonizó importantes películas dramáticas, como Guerra y paz (1956) y Historia de una monja (1959).

En la década de 1960, Audrey Hepburn empezó a interpretar personajes más sofisticados y mundanos. En uno de sus papeles más célebres, Hepburn apareció como la entrañable Holly Golightly en Desayuno con diamantes (1961). Además, hizo La hora de los niños (1961), Charada (1963), My Fair Lady (1964) y Dos en la carretera y Espera hasta que anochezca (ambas de 1967). Obtuvo nominaciones al Oscar por Sabrina, La historia de la monja, Desayuno con diamantes y Espera hasta la noche.

Audrey Hepburn se divorció de Ferrer en 1968 y se casó con un destacado psiquiatra italiano. A partir de entonces se retiró casi por completo, prefiriendo centrarse en su familia antes que en su carrera. Hepburn salió de su retiro para protagonizar Robin y Marian (1976) y posteriormente apareció en algunas películas más. Su última aparición fue como ángel en Always (1989).

En 1988 Audrey Hepburn inició una nueva carrera como embajadora especial de buena voluntad de UNICEF. Se dedicó a la labor humanitaria, visitando pueblos afectados por la hambruna en América Latina, África y Asia. En 1993, la Academia de las Artes y las Ciencias Cinematográficas le concedió el Premio Humanitario Jean Hersholt.

Audrey Hepburn falleció el 20 de enero de 1993 en Tolochenaz, Suiza, antes de poder aceptar oficialmente el premio. El hijo de Audrey Hepburn lo aceptó en su nombre.

Destacados

- Aunque nació en Bélgica, Audrey tenía la nacionalidad británica por su padre y fue a la escuela en Inglaterra cuando era niña.
- En la década de 1960, Hepburn había superado su imagen de ingenua y comenzó a interpretar personajes más sofisticados y mundanos, aunque a menudo todavía vulnerables, como la efervescente y misteriosa Holly Golightly en Desayuno con diamantes (1961), una adaptación de la novela de Truman Capote; una joven viuda elegante atrapada en una Charada de suspense (1963), protagonizada por Cary Grant; y una mujer de

espíritu libre envuelta en un matrimonio difícil en Dos en la carretera (1967).

- El papel más controvertido de Audrey Hepburn fue quizás el de Eliza Doolittle en el musical cinematográfico My Fair Lady (1964).
- Después de aparecer en la película de suspense Espera hasta que anochezca (1967), Hepburn pasó a la semiretirada. No volvió a actuar hasta 1976, cuando protagonizó la nostálgica historia de amor Robin y Marian.

Preguntas de investigación

---

1. ¿Quién cree que tiene el poder de cambiar la sociedad para mejor con su capacidad de llegar, inspirar y dar poder a los demás sólo con su trabajo o acciones?
2. ¿Por qué es importante darse cuenta de lo que puede suponer el empoderamiento de las mujeres para la sociedad en su conjunto, en lugar de centrarse únicamente en las luchas individuales dentro de un sistema patriarcal?
3. ¿Crees que está bien que las chicas se maquillen por primera vez cuando son estudiantes de secundaria o adolescentes mayores, o deberían esperar hasta después de su primer año de universidad al menos?

Shirin Ebadi (nacida en 1947)

La primera mujer musulmana e iraní en recibir el Premio Nobel

"Sostengo que de la violencia no puede surgir nada útil y duradero".

La abogada, escritora y profesora iraní Shirin Ebadi recibió el Premio Nobel de la Paz en 2003 por sus esfuerzos para promover la democracia y los derechos humanos, especialmente los de las mujeres y los niños en Irán. Ebadi fue la primera mujer musulmana y la primera iraní en recibir el premio.

Shirin Ebadi nació el 21 de junio de 1947 en Hamadán, Irán, pero se crió en Teherán. Se licenció en Derecho por la Universidad de Teherán en 1969. Ese mismo año, Ebadi comenzó un aprendizaje en el Departamento de Justicia y se convirtió en una de las primeras mujeres jueces de Irán. Shirin Ebadi también se doctoró en derecho privado por la Universidad de

Teherán en 1971. De 1975 a 1979 fue jefa del tribunal de la ciudad de Teherán.

Después de que los revolucionarios islámicos tomaran el control de Irán en 1979, se limitaron las funciones de las mujeres. A Ebadi y a sus compañeras de trabajo se les prohibió ser juezas y se les asignaron funciones de secretaria. Cuando denunciaron el trato que recibían, se les asignaron funciones más altas en el Departamento de Justicia, pero no recuperaron sus puestos anteriores. Ella dimitió en señal de protesta.

Shirin Ebadi intentó entonces ejercer la abogacía, pero, bajo las mismas políticas restrictivas, se le negó la licencia. Esto cambió en 1992, momento en el que obtuvo la licencia y comenzó su propio bufete de abogados. Como tal, defendió a mujeres y disidentes, y representó a muchas personas que se habían opuesto al gobierno iraní. En 2000 fue declarada culpable de "perturbar la opinión pública" tras distribuir pruebas que implicaban a funcionarios del gobierno en los asesinatos de estudiantes de la Universidad de Teherán en 1999. En un principio, Shirin Ebadi fue condenada a prisión, se le prohibió ejercer la abogacía durante cinco años y se le impuso una multa, aunque posteriormente se suspendió su condena.

Shirin Ebadi ayudó a fundar el Centro de Defensores de los Derechos Humanos en 2001. El centro fue cerrado por el gobierno en 2008. Ese mismo año se registraron sus despachos, y en 2009 se exilió en el Reino Unido. Sin embargo, Ebadi continuó agitando las reformas en Irán.

Shirin Ebadi escribió numerosos libros sobre el tema de los derechos humanos, entre ellos The Rights of the Child: Un estudio sobre los aspectos jurídicos de los derechos del niño en Irán (1994), Historia y documentación de los derechos humanos en Irán (2000) y Los derechos de la mujer (2002). Ebadi también fue fundadora y directora de la Asociación de Apoyo a los Derechos del Niño en Irán. Ebadi reflexionó sobre sus propias experiencias en obras posteriores como Until We Are Free: Mi lucha por los derechos humanos en Irán (2016).

Destacados

- Mientras ejercía de juez, Shirin Ebadi también se doctoró en derecho privado en la Universidad de Tehrān (1971).
- Tras la revolución de 1978-1979 y el establecimiento de una república islámica, se consideró que las mujeres no eran aptas para ejercer de jueces porque los nuevos dirigentes creían que el Islam lo prohibía.
- Ebadi escribió varios libros sobre el tema de los derechos humanos, entre ellos The Rights of the Child: A Study of Legal Aspects of Children's Rights in Iran (1994), History and Documentation of Human Rights in Iran (2000) y The Rights of Women (2002).
- Shirin Ebadi reflexionó sobre sus propias experiencias en Iran Awakening: From Prison to Peace Prize, One Woman's Struggle at the Crossroads (2006; con Azadeh Moaveni; también publicado como Iran Awakening: A Memoir of Revolution and Hope) y Until We Are Free: Mi lucha por los derechos humanos en Irán (2016).

Preguntas de investigación

---

1. ¿Qué le inspira su trayectoria y sus logros?
2. Si quisiera saber más sobre Irán o la política, ¿por dónde empezaría?
3. ¿Quién es su mujer política favorita?

Wilma Rudolph (1940-1994)

Atleta estadounidense

"Créeme, la recompensa no es tan grande sin la lucha".

Nadie que conociera a Wilma Rudolph durante su infancia habría imaginado que llegaría a ser una superestrella del atletismo. Una serie de enfermedades al principio de su vida la dejaron sin poder usar una pierna, y sólo el ejercicio y los cuidados constantes le permitieron finalmente caminar cuando tenía ocho años.

Sin embargo, Wilma Rudolph siguió destacando en el deporte en la escuela secundaria y en la universidad, y en 1960 se convirtió en la primera corredora estadounidense en ganar tres medallas de oro en unos Juegos Olímpicos.

Wilma Glodean Rudolph nació prematuramente el 23 de junio de 1940 en San Belén, Tennessee. Rudolph fue la vigésima de los 22 hijos que tuvo su padre entre dos matrimonios.

Wilma Rudolph pasó la mayor parte de su infancia en la cama, sufriendo de neumonía, escarlatina y polio. Rudolph odiaba las abrazaderas metálicas que tenía que llevar en la pierna y anhelaba moverse como los demás niños. Con la ayuda de su familia para masajear su pierna lisiada y llevarla a fisioterapia, Wilma Rudolph cambió los aparatos por unos zapatos especiales. Más tarde, Rudolph también pudo deshacerse de ellos.

Durante el instituto, Wilma Rudolph se convirtió en una jugadora de baloncesto y corredora estrella. A los 14 años, atrajo la atención de un entrenador de atletismo de la Universidad Estatal de Tennessee, en Nashville, escuela de la que se graduó posteriormente (1963).

Wilma Rudolph trabajó con él durante los veranos para mejorar sus habilidades de sprint. A los 16 años, Rudolph viajó a Melbourne (Australia) para participar en los Juegos Olímpicos de Verano de 1956 y recibió una medalla de bronce como miembro del equipo de relevos de 4x100 metros.

Wilma Rudolph fue la campeona de 100 yardas de la Unión Atlética Amateur (AAU) de 1959 a 1962. En 1960, antes de los Juegos Olímpicos de Roma, estableció un récord mundial de 22,9 segundos en los 200 metros.

En los Juegos, Rudolph ganó medallas de oro en los 100 metros lisos (empatando el récord mundial de 11,3 segundos en las semifinales), en los 200 metros lisos (corriendo la serie inicial en 23,2 segundos para batir el récord olímpico) y en el relevo de 4x100 metros lisos (llevando al equipo a un nuevo récord mundial de 44,4 segundos en una carrera semifinal). La AAU concedió a Rudolph su Premio Sullivan en 1961 como atleta amateur más destacado del año.

Al sentir que Wilma Rudolph no podría alcanzar el mismo nivel de éxito, se negó a participar en los Juegos Olímpicos de 1964. Tras retirarse como corredora, Rudolph enseñó, entrenó, dio discursos de motivación y se convirtió en madre.

Wilma Rudolph trabajó en la Operación Campeón para ofrecer a los niños y adolescentes de los barrios marginales un entrenamiento deportivo a cargo de atletas estrella. También fundó la Fundación Wilma Rudolph para promover el atletismo amateur y animar a los niños a superar los obstáculos.

Wilma Rudolph fue nombrada miembro del Salón Nacional de la Fama del Atletismo en 1974, del Salón Internacional de la Fama del Deporte en 1980 y del Salón Olímpico de la Fama de Estados Unidos en 1983. Su autobiografía, *Wilma*, se publicó en 1977 y fue llevada al cine ese mismo año. Wilma Rudolph murió de cáncer cerebral el 12 de noviembre de 1994 en Brentwood, Tennessee.

Destacados

- Wilma Rudolph fue enfermiza de niña y no pudo caminar sin un zapato ortopédico hasta los 11 años.
- Sin embargo, su determinación para competir la convirtió en una jugadora de baloncesto y velocista estrella durante la escuela secundaria en Clarksville, Tennessee.
- A la edad de 16 años, Wilma Rudolph compitió en los Juegos Olímpicos de 1956 en Melbourne (Australia), ganando una medalla de bronce en la carrera de relevos de 4 × 100 metros.
- En 1960, antes de los Juegos Olímpicos de Roma, estableció un récord mundial de 22,9 segundos en los 200 metros. En los propios Juegos ganó medallas de oro en los 100 metros lisos (empatando el récord mundial: 11,3 segundos), en los 200 metros lisos y como miembro del equipo de relevos de 4 × 100 metros, que había establecido un récord mundial de 44,4 segundos en una carrera semifinal.

Preguntas de investigación

---

1. ¿Cuáles son las frases más influyentes y empoderadoras que han dicho las mujeres?

2. ¿Cómo han ayudado las redes sociales a empoderar e inspirar a las mujeres?
3. ¿Qué significan para usted los títulos de "influyente", "empoderado" e "inspirador"?

Gloria Steinem (nacida en 1934)

Feminista, activista política y editora estadounidense

"El arte de la vida no es controlar lo que nos pasa, sino utilizar lo que nos pasa".

Gloria Steinem fue una defensora del movimiento de liberación de la mujer a finales del siglo XX. Steinem fue la fundadora de la revista *Ms., a* través de la cual pretendía explorar temas de actualidad desde una perspectiva feminista.

Gloria Steinem nació el 25 de marzo de 1934 en Toledo, Ohio. Cuando era joven viajaba con sus padres en una casa rodante. La pareja se divorció en 1946 y Gloria se instaló con su madre en Toledo.

Por primera vez, Gloria Steinem pudo asistir a la escuela con regularidad. También se encargó de cuidar a su madre, que sufría una depresión crónica. Durante el último año de instituto, Steinem se trasladó a Washington, D.C., para vivir con su hermana mayor.

Gloria Steinem se graduó en el Smith College en 1956 y se fue a la India con una beca. Allí participó en protestas no violentas contra la política del gobierno. De vuelta a Estados Unidos, empezó a trabajar como escritora y periodista en Nueva York en 1960.

Su artículo de 1963 "I Was a Playboy Bunny", en el que relataba su experiencia como camarera en el Club Playboy de Hugh Hefner, le proporcionó una notoriedad inmediata. Unos años más tarde, el trabajo de Steinem se volvió más político y comenzó a escribir una columna, "The City Politic", para la revista *New York*. Tras asistir a una reunión de un grupo feminista radical, las Redstockings, en 1968, su implicación en el feminismo se fortaleció.

A raíz de ello, Gloria Steinem fundó en julio de 1971, junto con Betty Friedan, Bella Abzug y Shirley Chisholm, el National Women's Political Caucus, una organización dedicada a la promoción de la mujer en la política. Ese mismo año comenzó a desarrollar la revista *Ms.,* que apareció por primera vez como un encarte en el número de diciembre de *New York*.

A finales de los 70 y en los 80, Gloria Steinem se convirtió en la portavoz del movimiento de liberación de la mujer. Ayudó a fundar la Coalición de Mujeres Sindicalistas, Votantes por el Derecho a Decidir y Mujeres contra la Pornografía.

Los libros de Gloria Steinem incluyen *Outrageous Acts and Everyday Rebellions* (1983), *Revolution from Within* (1992) y *Moving Beyond Words* (1994). Fue galardonada con la Medalla Presidencial de la Libertad en 2013.

Destacados

- Gloria Steinem, en su totalidad Gloria Marie Steinem, pasó sus primeros años viajando con sus padres en una casa rodante.
- Tras graduarse en el Smith College en 1956, Steinem viajó a la India con una beca, donde participó en protestas no violentas contra la política del gobierno.
- En 1960, Gloria Steinem empezó a trabajar como escritora y periodista en Nueva York. En 1963 llamó la atención con su artículo "I Was a Playboy Bunny", en el que relataba su experiencia como camarera con poca ropa en el Playboy Club de Hugh Hefner.

- Participó en la fundación de la Coalición de Mujeres Sindicalistas, Votantes por el Derecho a Decidir, Mujeres contra la Pornografía y el Centro de Medios de Comunicación de Mujeres.
- En 2013 Steinem recibió la Medalla Presidencial de la Libertad.

Preguntas de investigación

---

1. ¿Cuál es su opinión sobre las mujeres poderosas?
2. ¿Es usted feminista? Si es así, ¿cómo se describiría como feminista?
3. ¿Las luchas de las mujeres poderosas y/o feministas reflejan también los problemas de las mujeres en general hoy en día?

Vigdís Finnbogadóttir (nacida en 1930)

La primera mujer elegida democráticamente como presidenta

"Todos, como ciudadanos del mundo, tenemos el deber de contribuir en la medida de nuestras posibilidades al progreso continuo del espíritu de la humanidad".

La primera mujer del mundo en ser elegida jefa de Estado en unas elecciones nacionales fue Vigdís Finnbogadóttir. (La primera mujer primer ministro del mundo, que ejerció como jefa de gobierno, fue Sirimavo Bandaranaike, de Sri Lanka).

Vigdís Finnbogadótti fue presidenta de Islandia de 1980 a 1996. Aunque la presidencia islandesa es en gran medida un cargo ceremonial, Finnbogadóttir desempeñó un papel activo en la promoción del país como embajadora cultural. Gozó de gran popularidad.

Vigdís Finnbogadótti nació el 15 de abril de 1930 en Reikiavik (Islandia), en el seno de una familia acomodada y con buenos contactos. Su madre presidía la asociación nacional de enfermeras de Islandia, y su padre era ingeniero civil. Tras graduarse en el Colegio de Reikiavik en 1949, Finnbogadóttir asistió a la Universidad de Grenoble y la Sorbona en

Francia y a la Universidad de Uppsala en Suecia. También estudió en Dinamarca y en la Universidad de Islandia, donde Finnbogadótti enseñó posteriormente francés, teatro e historia del teatro.

De 1972 a 1980, Vigdís Finnbogadótti fue director de la Compañía de Teatro de Reikiavik (Leikfélag Reykjavíkur) y participó en un grupo de teatro experimental. Durante ese periodo, presentó lecciones de francés y programación cultural en la Televisión Estatal de Islandia. Ese papel aumentó su reputación y popularidad a nivel nacional.

Durante la temporada turística de verano, Vigdís Finnbogadótti también trabajaba como guía y traductor para la Oficina de Turismo de Islandia. Finnbogadótti se convirtió en miembro del Comité Asesor de Asuntos Culturales de los Países Nórdicos en 1976 y fue elegido su presidente en 1978.

A pesar de ser una madre soltera divorciada, Vigdís Finnbogadótti fue elegida en 1980 como candidata a la presidencia de Islandia. Finnbogadótti fue elegida por un estrecho margen, con el 33,6% de los votos nacionales, frente a tres oponentes masculinos. Fue reelegida presidenta tres veces -en 1984, 1988 y 1992- antes de retirarse de la política en 1996.

En 1996, Vigdís Finnbogadótti se convirtió en presidenta fundadora del Consejo de Mujeres Líderes Mundiales de la Escuela de Gobierno John F. Kennedy de la Universidad de Harvard, en Cambridge (Massachusetts). Dos años después fue nombrada presidenta de la Comisión Mundial de Ética del Conocimiento Científico y la Tecnología de la Organización de las Naciones Unidas para la Educación, la Ciencia y la Cultura (UNESCO).

Destacados

- Vigdís Finnbogadóttir nació en el seno de una familia rica y bien relacionada. Su madre presidía la asociación nacional de enfermeras de Islandia, y su padre era ingeniero civil.
- De 1972 a 1980, Vigdís Finnbogadóttir fue directora de la Compañía de Teatro de Reikiavik (Leikfélag Reykjavíkur) y participó en un grupo de teatro experimental.

- Vigdís Finnbogadóttir se convirtió en miembro del Comité Consultivo de Asuntos Culturales de los Países Nórdicos en 1976 y fue elegida su presidenta en 1978.
- Aunque la presidencia islandesa es en gran medida un cargo ceremonial, Finnbogadóttir desempeñó un papel activo en la promoción del país como embajadora cultural y gozó de gran popularidad.

Preguntas de investigación

---

1. ¿En qué cree que su experiencia en el cargo como mujer carismática y progresista fue diferente a la de otros presidentes?
2. ¿Cuáles fueron los mayores logros que consiguió como Presidenta?

Sandra Day O'Connor (nacida en 1930)

Juez del Tribunal Supremo de los Estados Unidos

"Haz lo mejor que puedas en cada tarea, por poco importante que parezca en ese momento. Nadie aprende más sobre un problema que la persona que está al final".

Sandra Day O'Connor fue la primera mujer en ser nombrada jueza asociada del Tribunal Supremo de Estados Unidos, y ocupó el cargo desde 1981 hasta su jubilación en 2006. Conservadora moderada, era conocida por sus opiniones cuidadosamente investigadas.

Sandra Day nació el 26 de marzo de 1930 en El Paso, Texas, pero creció en un gran rancho familiar cerca de Duncan, Arizona. O'Connor asistió a la Universidad de Stanford, donde se licenció en 1950 y se licenció en Derecho en 1952. Al graduarse se casó con un compañero de clase, John Jay O'Connor III.

Aunque Sandra Day O'Connor estaba muy cualificada, no pudo encontrar empleo en un bufete de abogados por ser mujer. Tras un breve período como fiscal adjunta en el condado de San Mateo (California), O'Connor y su marido, miembro del Cuerpo de Abogados del Ejército de Estados Unidos, se trasladaron a Alemania, donde ella ejerció como abogada civil del ejército de 1954 a 1957.

Cuando Sandra Day O'Connor regresó a Estados Unidos, se dedicó a la práctica privada en Maryville, Arizona, y se convirtió en fiscal general adjunta del estado de 1965 a 1969. Posteriormente, fue miembro republicano del Senado del estado desde 1969 hasta 1974 y acabó convirtiéndose en la primera mujer líder de la mayoría.

En 1974 Sandra Day O'Connor fue elegida jueza del Tribunal Superior del condado de Maricopa, y cinco años más tarde fue nombrada miembro del Tribunal de Apelación de Arizona en Phoenix. El presidente Ronald Reagan la nombró en julio de 1981 para cubrir la vacante que dejó en el Tribunal Supremo la jubilación del juez Potter Stewart. Fue confirmada por unanimidad por el Senado y prestó juramento como primera mujer juez en septiembre.

Sandra Day O'Connor se hizo rápidamente conocida por su enfoque práctico y fue considerada un voto decisivo en las decisiones del Tribunal Supremo. En campos tan diferentes como la ley electoral y el derecho al aborto, O'Connor trató de crear soluciones viables para las principales cuestiones constitucionales, a menudo a lo largo de varios casos.

Se retiró del Tribunal Supremo en 2006 y fue sustituida por Samuel A. Alito, Jr. En 2009 Sandra Day O'Connor recibió la Medalla Presidencial de la Libertad de Estados Unidos.

Destacados

- Sandra Day O'Connor fue la primera mujer en formar parte del Tribunal Supremo.
- En una serie de sentencias, O'Connor se mostró reacia a apoyar cualquier decisión que negara a las mujeres el derecho a elegir un aborto seguro y legal.
- Gracias a su dirección en el caso Planned Parenthood of Southeastern Pennsylvania v. Casey (1992), el Tribunal modificó su posición sobre el derecho al aborto.

Preguntas de investigación

1. ¿Qué opina del feminismo y su papel en el mundo actual?
2. ¿Se representa a las mujeres de forma positiva en los medios de comunicación (locales)?
3. ¿Hay alguna mujer a la que aspires a parecerte más que a otra?

Althea Gibson (1927-2003)

Tenista estadounidense

"Estaba nerviosa y confiada a la vez, nerviosa por salir ahí delante de toda esa gente, con tanto en juego, y confiada en que iba a salir a ganar. "

La primera tenista afroamericana de categoría mundial fue Althea Gibson. En 1950 rompió la barrera del color en el tenis al convertirse en la primera atleta negra en jugar el campeonato nacional de tenis de Estados Unidos.

Althea Gibson fue la mejor jugadora de este deporte a finales de la década de 1950 y ganó cinco torneos individuales del Grand Slam. A lo largo de su carrera, ganó más de 50 torneos. Gibson, que medía casi 1,70 metros de altura, tenía un alcance impresionante y realizaba un saque fuerte e intimidante.

Althea Gibson nació el 25 de agosto de 1927 en Silver, Carolina del Sur. Gibson creció en el barrio neoyorquino de Harlem, donde aprendió a jugar al pádel a los nueve años en un programa recreativo organizado por la Police Athletic League. Uno de los entrenadores le enseñó más tarde a jugar al tenis, y empezó a entrenar, y a ganar partidos, en el Cosmopolitan Tennis Club de Harlem.

En 1947, Althea Gibson ganó el primero de sus 10 títulos nacionales femeninos consecutivos. Siguió jugando en torneos nacionales mientras asistía a la Florida Agricultural and Mechanical University en Tallahassee, donde también jugaba en el equipo de baloncesto de la escuela.

Al principio, Althea Gibson jugaba en torneos patrocinados por la American Tennis Association, una organización fundada para jugadores afroamericanos como alternativa a la United States Lawn Tennis Association (USLTA). Gibson empezó a competir en partidos de la USLTA en 1949 y ganó el Campeonato del Este en pista cubierta de esa asociación en 1950. Pero muchos de los principales torneos se celebraban en clubes de tenis exclusivamente blancos.

Tras algunas presiones públicas, en 1950 Althea Gibson se convirtió en la primera atleta negra invitada al campeonato nacional de Estados Unidos sobre hierba, precursor del Abierto de Estados Unidos, en Forest Hills, en Queens, Nueva York. En 1951 se convirtió en la primera afroamericana en jugar en Wimbledon. Al año siguiente, Gibson se situó por primera vez entre las diez mejores tenistas del mundo.

El juego de Althea Gibson se estancó a mediados de la década de 1950, pero se revitalizó cuando participó en una gira de tenis de buena voluntad del Departamento de Estado de Estados Unidos por Asia. Ganó una serie de torneos allí y en Europa, incluido su primer evento de Grand Slam, el campeonato francés de individuales en 1956.

Althea Gibson ganó ese año el campeonato italiano de individuales y el título de dobles en Wimbledon. Gibson ganó los títulos de dobles de Australia y de dobles mixtos de Estados Unidos en 1957. Ese mismo año ganó los campeonatos de individuales y de dobles de Wimbledon y el de individuales de Forest Hills, y Gibson volvió a ganar esos tres títulos en 1958. Después se retiró del tenis amateur.

Althea Gibson jugó durante un tiempo como profesional, incluso en partidos de tenis de exhibición en los partidos de los Harlem Globetrotters, pero en aquellos años se celebraban pocos torneos de tenis profesional. En su lugar, se dedicó al golf. En 1963 se convirtió en la primera deportista negra en jugar en el circuito de la Asociación Profesional de Golf de Señoras (LPGA). A partir de 1973, trabajó como administradora deportiva, sobre todo para el estado de Nueva Jersey, donde vivió en sus últimos años.

Althea Gibson publicó una autobiografía, *I Always Wanted to Be Somebody*, en 1958. Gibson murió en East Orange, Nueva Jersey, el 28 de septiembre de 2003.

Destacados

- Althea Gibson, fue la primera jugadora negra en ganar los campeonatos individuales de Francia (1956), Wimbledon (1957-58) y el Abierto de Estados Unidos (1957-58).
- En 1942 Gibson ganó su primer torneo, patrocinado por la Asociación Americana de Tenis (ATA), una organización fundada por jugadores afroamericanos.
- En 1947 Gibson se hizo con el campeonato femenino individual de la ATA, que mantendría durante 10 años consecutivos.
- Mientras asistía a la Universidad Agrícola y Mecánica de Florida (licenciada en 1953) en Tallahassee, continuó jugando en torneos por todo el país y en 1950 se convirtió en la primera tenista negra en participar en el torneo nacional sobre hierba de Forest Hills en Queens, Nueva York.
- Gibson también ganó los dobles mixtos de Estados Unidos y los dobles femeninos de Australia en 1957.

Preguntas de investigación

---

1. ¿Qué le diría a alguien que no cree que estas mujeres merecen ser influyentes, empoderadas e inspiradoras?

2. Si pudiera cenar con cualquier mujer de la historia (real o ficticia), ¿quién sería?
3. ¿Qué serie de televisión cree que pasará a la historia como la más feminista de todos los tiempos, y por qué?

Yingluck Shinawatra (nacida en 1967)

Primer ministro de Tailandia

"Estoy dispuesto a luchar de acuerdo con las reglas, y pido la oportunidad de demostrar mi valía. "

La primera mujer primer ministro de Tailandia fue la empresaria y política Yingluck Shinawatra. Fue primera ministra del país de 2011 a 2014. Yingluck era la hermana del ex primer ministro Thaksin Shinawatra, que había sido destituido en un golpe militar incruento.

Yingluck Shinawatra nació el 21 de junio de 1967 en la ciudad de San Kamphaeng, Tailandia. Shinawatra era la menor de nueve hijos nacidos en el seno de una familia adinerada de ascendencia china. El padre de

Yingluck fue diputado desde finales de los años 60 hasta mediados de los 70. Su hermano Thaksin también fue diputado y ocupó varios cargos ministeriales antes de ser primer ministro de 2001 a 2006.

Yingluck Shinawatra se graduó en la Universidad de Chiang Mai en 1988. Estudió en Estados Unidos y obtuvo un máster en administración pública en la Universidad Estatal de Kentucky, en Frankfort, en 1991.

Tras regresar a Tailandia, Yingluck Shinawatra comenzó a trabajar en las distintas empresas de su familia. Con el tiempo, se convirtió en una alta ejecutiva de Advanced Info Service (AIS), la rama de telecomunicaciones del gran holding familiar. En 2006, la empresa matriz de AIS fue vendida a un conglomerado con sede en Singapur.

Esta controvertida transacción reportó a la familia un enorme beneficio, pero fue uno de los factores que condujeron a la caída de Thaksin ese mismo año. Tras la venta, Yingluck Shinawatra pasó a presidir el negocio inmobiliario de la familia. Su hermano fue destituido como primer ministro y se exilió.

Sin embargo, Thaksin siguió siendo popular en Tailandia, especialmente entre la población rural del norte del país. Surgieron tensiones entre sus partidarios y sus oponentes, que eran principalmente las élites urbanas. Finalmente, las prolongadas protestas masivas de los partidarios de Thaksin en la primavera de 2010 en Bangkok fueron reprimidas por la fuerza por los militares tailandeses.

Tras la destitución de Thaksin, su partido político fue ilegalizado. En 2008 se formó un sucesor de su partido. El nuevo partido se denominó Partido Por los Tailandeses (Phak Puea Thai; PPT). Las elecciones parlamentarias se anunciaron a principios de mayo de 2011, y Yingluck declaró su candidatura al cargo poco después.

Yingluck Shinawatra, considerada una cara nueva en la política tailandesa, se vio sin embargo muy favorecida por ser la hermana de Thaksin. En las elecciones del 3 de julio, Shinawatra arrasó en las urnas, junto con el PPT. Se convirtió en primera ministra.

Casi inmediatamente después de tomar posesión del cargo, Yingluck Shinawatra tuvo que hacer frente a las inundaciones masivas en amplias zonas de Tailandia causadas por las inusuales lluvias monzónicas. La catástrofe dejó cientos de muertos y cerró gran parte de las operaciones manufactureras de propiedad extranjera, económicamente vitales para el país. La mayoría de esas empresas volvieron a funcionar a mediados de 2012, lo que ayudó a reactivar la economía tailandesa.

Desde el punto de vista político, Yingluck Shinawatra tuvo que enfrentarse a las constantes críticas de la oposición, que la acusaba de actuar como apoderada de su hermano exiliado Thaksin. En 2013, su Gobierno intentó conceder una amnistía a los implicados en las tensiones políticas entre 2006 y 2010, lo que, según se creía, incluiría a su hermano. Este intento no solo fracasó en la legislatura, sino que dio lugar a masivas protestas antigubernamentales a finales de año.

Yingluck Shinawatra respondió disolviendo la legislatura y programando elecciones anticipadas para febrero de 2014. Sin embargo, los manifestantes de la oposición consiguieron interrumpir el proceso de votación y los tribunales declararon inválidas las elecciones.

Yingluck Shinawatra convocó nuevas elecciones, que debían celebrarse en julio de 2014. Sin embargo, a principios de mayo, el Tribunal Constitucional del país dictaminó que había destituido ilegalmente a un funcionario del gobierno al principio de su gestión, y fue destituida. Un día después de su destitución fue acusada de cargos de corrupción derivados de un programa de subvenciones al arroz instituido por su gobierno.

Más tarde, en mayo, los militares dieron un golpe de estado incruento y establecieron un consejo de gobierno. A principios de agosto, el consejo había nombrado una legislatura provisional. En enero de 2015, cuando aún estaban pendientes los cargos penales contra ella, esa legislatura votó a favor de la destitución de Yingluck por su participación en el programa de subsidios al arroz. Como resultado, Shinawatra no podía presentarse a cargos públicos durante los siguientes cinco años.

Destacados

- Yingluck Shinawatra, es una empresaria y política tailandesa que fue primera ministra de Tailandia de 2011 a 2014.

- Era la hermana menor del ex primer ministro Thaksin Shinawatra y la primera mujer del país en ocupar ese cargo.
- Thaksin fue destituido en un golpe militar incruento en septiembre de 2006.
- Se emitió una orden de detención contra ella, pero los miembros de su partido informaron de que había huido del país para reunirse con su hermano en Dubai.

Preguntas de investigación

---

1. ¿Cuál es su líder femenina favorita y por qué?
2. ¿Quién es su jefa favorita (empresaria)?
3. ¿A qué tipo de problemas sociales te enfrentas o te enfrentaste como estudiante (en relación con la raza, el género, la sexualidad) y cómo los superaste?

Gertrude B. Elion (1918-1999)

Bioquímico y farmacólogo estadounidense

"Nadie me tomó en serio. Se preguntaban por qué quería ser química cuando ninguna mujer se dedicaba a ello. El mundo no me esperaba. "

La farmacóloga estadounidense Gertrude B. Elion recibió el premio Nobel de fisiología o medicina en 1988 junto con George H. Hitchings y Sir James W. Black. Los tres recibieron el premio por su desarrollo de fármacos utilizados para tratar varias enfermedades importantes.

Gertrude Belle Elion nació el 23 de enero de 1918 en la ciudad de Nueva York. Se licenció en bioquímica en el Hunter College de Nueva York en 1937. Al no poder obtener un puesto de investigación por ser mujer, Elion aceptó una serie de trabajos, como asistente de laboratorio, profesora de química y física en los institutos de Nueva York y química de investigación.

Durante este tiempo, Elion también tomó clases en la Universidad de Nueva York, donde obtuvo un máster en 1941. Como Elion no podía dedicarse a los estudios a tiempo completo, nunca se doctoró.

En 1944, Gertrude B. Elion se incorporó a los laboratorios Burroughs Wellcome (ahora parte de GlaxoSmithKline). Allí fue primero asistente y luego colega de Hitchings, con quien trabajó durante las siguientes cuatro décadas.

Gertrude B. Elion y Hitchings desarrollaron una serie de nuevos fármacos eficaces contra la leucemia, los trastornos autoinmunes, las infecciones del tracto urinario, la gota, la malaria y el herpes vírico. Su éxito se debió principalmente a sus innovadores métodos de investigación. En lugar de utilizar el método de ensayo y error empleado por los farmacólogos anteriores, Elion y Hitchings examinaron la diferencia entre la bioquímica de las células humanas normales y la de las células cancerosas, las bacterias, los virus y otros patógenos (agentes causantes de enfermedades).

Utilizaron esta información para crear fármacos que pudieran dirigirse a un determinado patógeno sin dañar las células normales del huésped humano. Sus métodos les permitieron eliminar gran parte de las conjeturas y el esfuerzo desperdiciado típicos de la investigación farmacológica anterior.

Aunque Gertrude B. Elion se jubiló oficialmente en 1983, ayudó a supervisar el desarrollo de la azidotimidina (AZT), el primer fármaco utilizado en el tratamiento del SIDA. En 1991 recibió la Medalla Nacional de la Ciencia y fue incluida en el Salón Nacional de la Fama de las Mujeres. Elion falleció el 21 de febrero de 1999 en Chapel Hill (Carolina del Norte).

Destacados

- Gertrude B. Elion, cuyo nombre completo es Gertrude Belle Elion, se licenció en bioquímica en el Hunter College de Nueva York en 1937.
- Al no poder dedicarse a los estudios a tiempo completo, Elion nunca llegó a obtener un doctorado.

- Elion y Hitchings desarrollaron una serie de nuevos fármacos eficaces contra la leucemia, los trastornos autoinmunes, las infecciones del tracto urinario, la gota, la malaria y el herpes vírico.
- Aunque Elion se retiró oficialmente en 1983, ayudó a supervisar el desarrollo de la azidotimidina (AZT), el primer fármaco utilizado en el tratamiento del sida.
- En 1991 recibió la Medalla Nacional de la Ciencia y fue incluida en el Salón Nacional de la Fama de la Mujer.

Preguntas de investigación

---

1. ¿Vivimos en una época en la que es más fácil para las mujeres perseguir sus sueños que en las generaciones anteriores?
2. ¿Conoces a alguna mujer que haya hecho algo especial?
3. ¿Qué opina de la situación actual de la autonomía de la mujer en la sociedad?

Katharine Graham (1917-2001)

La primera mujer en dirigir una empresa de la lista Fortune 500

"Un error es simplemente otra forma de hacer las cosas".

Al enterarse de la muerte de la editora y empresaria estadounidense Katharine Graham, el presidente George W. Bush dijo a la nación que había perdido a la "primera dama" del periodismo estadounidense. Bajo la dirección de Graham, The Washington Post aumentó su difusión y se convirtió en el periódico más influyente de la capital estadounidense y uno de los más poderosos del país.

Katharine Graham también convirtió a The Washington Post Company en una gran empresa de medios de comunicación diversificados, y en el proceso, Graham se convirtió en la primera mujer en dirigir una empresa de la lista Fortune 500.

Nació como Katharine Meyer el 16 de junio de 1917 en la ciudad de Nueva York. Su padre, Eugene, era un exitoso banquero de inversiones y su madre, Agnes, una mecenas de las artes y partidaria de la educación. Katharine asistió al Vassar College de Poughkeepsie (Nueva York) de 1934 a 1936 y luego se trasladó a la Universidad de Chicago, donde se graduó en 1938.

Tras un año como reportera del San Francisco News, Katharine se incorporó a la redacción del Washington Post, que su padre había comprado en una venta por quiebra en 1933. También trabajó en los departamentos de redacción y circulación del Sunday Post.

En 1940, Katharine se casó con Philip Graham, un abogado, y en 1945 había abandonado su carrera en favor de su creciente familia. En 1946 su marido abandonó sus ambiciones políticas para convertirse en editor del Post, y en 1948 la pareja compró a su padre las acciones con derecho a voto de la corporación.

Sin embargo, Katharine Graham se mantuvo al margen de la participación activa en el negocio cuando The Washington Post Company adquirió el periódico rival Times-Herald en 1954, la revista Newsweek en 1961 y varias emisoras de radio y televisión.

En septiembre de 1963, tras la muerte por suicidio de su marido maníaco-depresivo, Katharine Graham asumió la presidencia de The Washington Post Company. De 1969 a 1979, Graham ocupó también el cargo de editora. Bajo su dirección, The Washington Post se hizo famoso por su agresivo periodismo de investigación.

Con la ayuda del editor Benjamin C. Bradlee, Katharine Graham guió al periódico durante la publicación de los Papeles del Pentágono en 1971 (una historia secreta del gobierno sobre la guerra de Vietnam) y la revelación del escándalo Watergate en 1972 (que llevó a la renuncia de Richard M. Nixon a la presidencia en 1974 bajo la amenaza de un juicio político). En ambos casos, los organismos gubernamentales la presionaron para que no publicara las historias, pero ella se mantuvo firme y se ganó el respeto del público y de sus colegas periodistas.

Katharine Graham llevó a The Washington Post Company de unos ingresos de 84 millones de dólares cuando asumió el control del periódico en 1963 a unos ingresos de 1.400 millones de dólares a principios de la década de 1990. La empresa comenzó a vender públicamente sus acciones en 1971. También creció a través de nuevas adquisiciones, como el periódico The Herald de Everett, Washington; numerosas emisoras de televisión; operaciones de televisión por cable; Kaplan Educational Centers; Washington Post Newsweek Interactive, una empresa de información electrónica; Post Newsweek Tech Media Group, una editorial de publicaciones periódicas de negocios; y Gazette Newspapers, editor de varios semanarios. Katharine Graham fue directora general de la empresa de 1973 a 1991 y presidenta del consejo de administración de 1973 a 1993; su hijo Donald la sucedió en ambos cargos.

En 1997, el Overseas Press Club concedió a Katharine Graham el Premio del Presidente por los logros de su vida en el periodismo. En 1998, a la edad de 80 años, Graham recibió el premio Pulitzer de biografía por su autobiografía, Personal History (1997). Graham falleció el 17 de julio de 2001 en Boise, Idaho, a causa de las heridas en la cabeza sufridas durante una caída unos días antes.

Destacados

- Tras un año como reportera del San Francisco News, Katharine Graham se incorporó a la redacción del Washington Post, que su padre había comprado en 1933.
- En 1972, Katharine Graham asumió el cargo de directora general de la empresa Washington Post, convirtiéndose así en la primera mujer directora general de una empresa de la lista Fortune 500; ocupó el puesto hasta 1991.
- En 1998, Katharine Graham recibió el Premio Pulitzer de biografía por su autobiografía, Personal History (1997).

Preguntas de investigación

---

1. ¿Cómo cree que una chica puede triunfar en Nueva York y convertirse en una de las mujeres más influyentes de la historia?
2. ¿Se ve como presidente o director general algún día?
3. ¿Qué lección de liderazgo aprendió de Katharine Graham?

Babe Didrikson Zaharias (1911-1956)

Atleta estadounidense

"¿Suerte? Claro, pero sólo después de una larga práctica y con la capacidad de pensar bajo presión".

Una destacada atleta estadounidense del siglo XX fue Babe Didrikson Zaharias. Actuó en baloncesto, atletismo y golf. En 1932, Didrikson se dedicó al golf como forma de relajación, pero en pocos años se convirtió en la principal mujer golfista de Estados Unidos.

Didrikson nació como Mildred Ella Didriksen (más tarde cambió la ortografía) en Port Arthur, Texas, el 26 de junio de 1911. Llegó a ser jugadora de baloncesto en 1930 y 1931. En 1932, en el torneo anual de atletismo femenino patrocinado por la Amateur Athletic Union, participó en ocho pruebas y ganó cinco.

En los Juegos Olímpicos de Verano de 1932 en Los Ángeles, Babe Didrikson ganó las medallas de oro en lanzamiento de jabalina y en 80 metros vallas, en ambos casos estableciendo récords. Se vio privada de la medalla de oro en salto de altura por un tecnicismo. Didrikson también destacó en sóftbol, béisbol, natación, patinaje artístico, billar e incluso fútbol. Después de los Juegos Olímpicos de 1932 se hizo profesional y participó en exhibiciones por todo el país.

Babe Didrikson comenzó a jugar al golf de forma casual en 1932, pero a partir de 1934 lo hizo de forma exclusiva. Pronto se convirtió en la principal golfista amateur de Estados Unidos. En 1946 ganó el torneo amateur femenino de Estados Unidos.

En 1947, Babe Didrikson ganó 17 campeonatos de golf consecutivos y se convirtió en la primera ganadora estadounidense del British Ladies' Amateur. Didrikson se convirtió en golfista profesional en 1948, y en 1950 ganó el Abierto Femenino de Estados Unidos. Entre 1948 y 1951, Didrikson fue la principal ganadora de dinero entre las mujeres golfistas. En 1954 volvió a ganar el Open y el All-American Open.

Babe Didrikson se casó con el luchador profesional George Zaharias en 1938. En 1953 se sometió a una operación de cáncer, que resultó infructuosa y tuvo que repetirse en 1956. Babe Didrikson Zaharias murió ese mismo año, el 27 de septiembre, en Galveston, Texas. Su autobiografía, *This Life I've Led*, en la que afirmaba falsamente que había nacido en 1914, se publicó en 1955. En 1975 se realizó una película para televisión sobre su vida, titulada *Babe*.

Destacados

- En 1950 Didrikson Zaharias ayudó a fundar la Asociación de Golf Profesional Femenino, y se convirtió en la competidora estrella de la LPGA.
- No sólo atrajo el interés por el fútbol femenino, sino que revolucionó el deporte y fue conocida por sus potentes impulsos.
- Diagnosticada de cáncer de colon, fue operada en 1953. Al año siguiente, en uno de los mayores regresos del deporte, ganó su tercer Abierto de Estados Unidos. Aunque llevaba una bolsa de colostomía, Didrikson Zaharias dominó el evento, ganando por 12 golpes.

- Se le concedió a título póstumo la Medalla Presidencial de la Libertad en 2021.

Preguntas de investigación

---

1. ¿Tuvo alguna mentora en su vida cuando crecía?
2. ¿Qué grupo u organización diría usted que está empoderando a las mujeres hoy en día (y que no limita su ayuda a ningún segmento en particular)?
3. ¿Por qué cree que a la gente le gusta tanto leer fábulas protagonizadas por mujeres como Caperucita Roja?

Madre Teresa (1910-1997)

Monja católica albanesa-india y misionera

"Difunde el amor allá donde vayas. Que nadie se acerque a ti sin salir más feliz. "

La Santa Madre Teresa, una de las mujeres más respetadas del mundo, fue conocida internacionalmente por su labor caritativa entre las víctimas de la pobreza y el abandono, especialmente en los barrios marginales de Calcuta (actual Calcuta), en la India.

También se la llama Santa Teresa de Calcuta. En 1979, la Madre Teresa recibió el Premio Nobel de la Paz en reconocimiento a sus esfuerzos humanitarios. Teresa también recibió la Joya de la India, la más alta medalla civil de la India, así como títulos honoríficos de instituciones académicas de todo el mundo. La Iglesia Católica Romana la declaró santa en 2016.

El nombre original de la Madre Teresa era Agnes Gonxha Bojaxhiu. Nació en Skopje, Macedonia, de ascendencia albanesa. Fue bautizada allí el 27 de agosto de 1910. A los 18 años decidió hacerse monja, y se aventuró a ir a Dublín, Irlanda, para unirse a las Hermanas de Loreto, una comunidad de monjas irlandesas con una misión en la archidiócesis de Calcuta.

Al cabo de un año, la Madre Teresa dejó Irlanda para ingresar en el convento de Loretto en Darjeeling, India. Su trabajo incluyó un puesto de profesora en el instituto St. Mary de Calcuta, donde fue testigo de la indigencia que caracterizaba a los barrios bajos de la ciudad.

En 1946, la Madre Teresa recordó más tarde, recibió una "llamada dentro de una llamada", experimentando lo que ella consideraba una inspiración divina para comenzar un nuevo capítulo en su vida, dedicado a ayudar a los enfermos y empobrecidos. Ese año fundó una nueva orden religiosa, las Misioneras de la Caridad. Esta nueva orden fue reconocida oficialmente por la Iglesia Católica Romana en 1950. La orden organizó escuelas y abrió centros para tratar a ciegos, ancianos, leprosos, discapacitados y moribundos.

En 1952, la Madre Teresa fundó el Nirmal Hriday ("Lugar para los puros de corazón") en Calcuta, un hogar al que los enfermos terminales podían acudir para morir con dignidad. A pesar de sus propias creencias religiosas, exigió a los voluntarios y trabajadores del Nirmal Hriday que respetaran las creencias religiosas de quienes acudían en busca de refugio en sus últimos días. Bajo su dirección se construyó una colonia de leprosos llamada Shanti Nagar ("Ciudad de la Paz") cerca de Asansol, en Bengala Occidental.

En los años posteriores a su creación, las Misioneras de la Caridad establecieron centros en todo el mundo. En 1968, el Papa Pablo VI llamó a la Madre Teresa a Roma, Italia, para que fundara allí un hogar. En 1971 le concedió el primer Premio de la Paz Juan XXIII.

Bajo la dirección de la Madre Teresa, las Misioneras de la Caridad crearon orfanatos, centros de nutrición, centros de salud y escuelas, llevando alivio a diversas personas, desde los negros empobrecidos de Sudáfrica hasta los cristianos y musulmanes del Líbano devastado por la guerra a principios de la década de 1980, pasando por los pobres del barrio neoyorquino de Harlem.

Después de que la Madre Teresa sufriera un ataque al corazón en 1989, se le colocó un marcapasos. Debido a sus problemas de salud, la Madre Teresa dimitió como superiora general de la orden en abril de 1990. Sin embargo, los miembros la votaron para que no se retirara y volvió a su puesto en septiembre.

A principios de 1997, la Madre Teresa empezó a sufrir problemas de salud cada vez más graves, como trastornos cardíacos y renales. Sólo unos meses después de abandonar definitivamente la dirección de las Misioneras de la Caridad, murió de un ataque al corazón en Calcuta el 5 de septiembre de 1997, a la edad de 87 años.

En el momento de su muerte, las misiones de la orden de la Madre Teresa existían en más de 90 países y habían crecido hasta incluir unas 4.000 monjas y cientos de miles de trabajadores laicos y voluntarios. La hermana Nirmala, miembro de la orden desde hace mucho tiempo, la sucedió al frente de la organización.

A los dos años de la muerte de la Madre Teresa, se inició el proceso para declararla santa, con la autorización especial del Papa Juan Pablo II. La Madre Teresa fue beatificada el 19 de octubre de 2003, alcanzando las filas de los beatos en lo que entonces era el tiempo más corto en la historia de la Iglesia Católica Romana. El Papa Francisco I canonizó a la Madre Teresa el 4 de septiembre de 2016.

Destacados

- La Madre Teresa, en su totalidad Santa Teresa de Calcuta, también llamada Santa Madre Teresa, de nombre original Agnes Gonxha Bojaxhiu, recibió numerosos honores, entre ellos el Premio Nobel de la Paz de 1979.
- En sus últimos años, la Madre Teresa se pronunció contra el divorcio, la anticoncepción y el aborto.

- Un empeoramiento de su enfermedad cardíaca la obligó a retirarse, y la orden eligió a la hermana Nirmala, nacida en la India, como su sucesora en 1997.
- Aunque la Madre Teresa mostraba alegría y un profundo compromiso con Dios en su trabajo diario, sus cartas (recogidas y publicadas en 2007) indican que no sintió la presencia de Dios en su alma durante los últimos 50 años de su vida.

Preguntas de investigación

---

1. ¿Hay alguna mujer empoderada cuyo trabajo y palabras hayan influido en la forma en que otros piensan sobre los temas de la mujer y el feminismo en los próximos años?
2. ¿Cómo influyeron los valores tradicionales o no tradicionales (como la identidad de género) en tu infancia?
3. ¿Qué papel ha desempeñado el género en tu vida (positivo y negativo)?

Angela Merkel (nacida en 1954)

Primera mujer canciller de Alemania

"Nunca me subestimé. Y nunca vi nada malo en la ambición".

Destacada por su habilidad política, la política Angela Merkel se convirtió en la primera mujer canciller de Alemania, en 2005. Merkel fue reelegida para el cargo en las elecciones parlamentarias de 2009, 2013 y 2017. Merkel fue una de las tres personas elegidas para cuatro mandatos como canciller en los años posteriores a la Segunda Guerra Mundial. (Los otros fueron Konrad Adenauer y Helmut Kohl).

El estilo de gobierno de Angela Merkel se caracterizó por el pragmatismo, o un enfoque práctico para la resolución de problemas. Como jefa del país más poblado y económicamente poderoso de Europa, desempeñó un importante papel de liderazgo en la Unión Europea (UE). Muchos la consideraban una defensora de los valores democráticos liberales.

Merkel tuvo que enfrentarse a varias crisis durante sus mandatos. Durante la crisis económica europea, Merkel promovió un estricto programa de recortes de gastos y subidas de impuestos. Angela Merkel trabajó para mantener la UE fuerte y unificada, especialmente después de que el Reino Unido votara a favor de abandonar la unión (en lo que se denominó "Brexit"). Durante la crisis de los refugiados, permitió la entrada de un gran número de inmigrantes en Alemania, una política que fue muy impopular para muchos alemanes.

Angela Merkel nació como Angela Dorothea Kasner el 17 de julio de 1954 en Hamburgo, Alemania Occidental. Se trasladó con su familia a Alemania Oriental cuando era sólo una niña. Tras doctorarse en física en la Universidad de Leipzig en 1978, se instaló en Berlín Oriental. Allí trabajó en la Academia de Ciencias como química cuántica.

Tras involucrarse en el movimiento democrático en la década de 1980, Merkel se unió a la Unión Demócrata Cristiana (CDU), un partido político conservador. En 1990, Merkel fue elegida miembro de la Cámara Baja del Parlamento. Posteriormente, bajo el mandato del canciller Helmut Kohl, fue ministra de Familia, Tercera Edad, Mujer y Juventud de 1991 a 1994. De 1994 a 1998 fue ministra de Medio Ambiente, Conservación y Seguridad de los Reactores.

En 1998, Gerhard Schröder y el Partido Socialdemócrata de Alemania (SPD) ganaron las elecciones a Kohl y la CDU. Un año más tarde, Kohl se vio envuelto en un escándalo derivado del cobro de contribuciones ilegales a la campaña. Merkel desvió decisivamente su apoyo a Kohl, aumentando su visibilidad y popularidad entre los votantes alemanes.

En el año 2000, Angela Merkel fue elegida líder de la CDU, convirtiéndose en la primera mujer y la primera persona no católica en dirigir el partido. Merkel fue también la primera líder de la CDU procedente del ala liberal del partido. El partido hermano de la CDU en Baviera, la ultraconservadora Unión Social Cristiana (CSU), desaprobó su elección. Como consecuencia, tuvo que enfrentarse no sólo a los efectos persistentes del escándalo financiero, sino también a un partido dividido. En las elecciones generales de 2002, el partido propuso a Edmund Stoiber, de la CSU, como candidato a canciller, pero luego perdió ante Schröder.

Angela Merkel recibió la nominación de la CDU para canciller en las elecciones de 2005. En sus promesas de campaña se comprometió a reformar la difícil economía del país. También prometió reparar las relaciones con Estados Unidos, que se habían tensado por la oposición de Schröder a la guerra de Irak.

La CDU y la CSU ganaron las elecciones generales, pero no consiguieron la mayoría con su socio de coalición preferido, el Partido Democrático Libre (FDP). Tras semanas de negociaciones, se alcanzó un acuerdo con el SPD que dio a Merkel la cancillería en un gobierno de "gran coalición".

Angela Merkel asumió el cargo en noviembre de 2005, convirtiéndose en la primera alemana del Este en ocupar el puesto. Con 51 años, Merkel se convirtió también en la canciller más joven de la historia de Alemania hasta ese momento.

En septiembre de 2009, Angela Merkel fue reelegida canciller. Esta vez la CDU-CSU y el FDP obtuvieron suficientes escaños para formar una coalición sin el SPD. Durante su segundo mandato, Merkel desempeñó un papel importante en la respuesta de la UE a un periodo de incertidumbre económica. Conocida como la crisis de la deuda de la eurozona, fue desencadenada por los altos niveles de deuda pública de varios países europeos que utilizaban el euro como moneda.

Junto con el presidente francés, Nicolas Sarkozy, Angela Merkel defendió la austeridad -recortes del gasto público y subidas de impuestos- como vía para la recuperación de las dañadas economías europeas. El éxito más visible de Merkel en este ámbito fue un acuerdo por el que los gobiernos se comprometían a actuar dentro de unos parámetros presupuestarios equilibrados específicos.

El acuerdo entró en vigor en enero de 2013. Sin embargo, muchos consideraron que el enfoque de Merkel ante la crisis de la eurozona era demasiado estricto. Advirtieron que las duras medidas de austeridad podrían perjudicar a las economías ya dañadas.

En las elecciones federales de septiembre de 2013, la alianza CDU-CSU obtuvo una impresionante victoria, con casi el 42% de los votos, a punto de alcanzar la mayoría absoluta. Angela Merkel se convirtió en la tercera canciller de la era de la posguerra en conseguirlo. Sin embargo, como el socio de coalición de su gobierno, el FDP, no alcanzó el umbral del 5% para la representación, Merkel tuvo que formar otra gran coalición con el SPD.

La economía europea, en dificultades, sigue siendo un problema cuando Angela Merkel inicia su tercer mandato como canciller. Pronto tuvo que enfrentarse también a los problemas de seguridad en las fronteras de la UE. A principios de 2014, Rusia tomó por la fuerza Crimea, una república autónoma de Ucrania, para convertirla en parte de Rusia.

Angela Merkel encabezó los esfuerzos de la UE para promulgar sanciones contra Rusia. Merkel también participó en numerosas conversaciones con otros líderes mundiales en un esfuerzo por restablecer la paz en la región.

Angela Merkel también se enfrentó a la crisis de refugiados más grave de Europa desde la Segunda Guerra Mundial. A partir de 2015, un gran número de migrantes que huían de los conflictos en Siria, Afganistán y otros lugares llegaron a la UE. Más de un millón de ellos se dirigieron a Alemania. Merkel mantuvo que Alemania mantendría sus fronteras abiertas ante la emergencia humanitaria.

Angela Merkel afirmó que todos los alemanes querrían acoger a las personas que huyen de las guerras y la persecución. Sin embargo, el gran número de refugiados que entran en Alemania pone a prueba los servicios públicos, incluida la policía y la guardia de fronteras. También pusieron a prueba la generosidad de los ciudadanos. Merkel fue objeto de fuertes críticas dentro de Alemania, especialmente tras una serie de ataques violentos en el país en 2016.

Durante las celebraciones de Año Nuevo de 2016, cientos de mujeres fueron atacadas por bandas de hombres en Colonia y otras ciudades alemanas. Varios de los agresores eran inmigrantes en Alemania. El país también fue escenario de un par de atentados terroristas en julio de 2016 llevados a cabo por migrantes. En diciembre de ese año, un migrante tunecino condujo intencionadamente un camión contra un mercado navideño abarrotado en Berlín, matando a 12 personas.

El índice de aprobación de Angela Merkel se desplomó tras los atentados, especialmente entre los seguidores de los partidos políticos de derechas. Al tiempo que mantenía su política de puertas abiertas a los refugiados,

Merkel introdujo planes para reforzar la seguridad en Alemania y disminuir el número de migrantes que llegaban al país. Su popularidad repuntó en 2017, y Merkel anunció que se presentaría a la reelección ese otoño.

En las elecciones generales de 2017, la alianza CDU-CSU obtuvo aproximadamente un tercio de los votos. Este fue el peor resultado de los partidos en los más de 60 años de posguerra. Alternativa para Alemania, un partido político de extrema derecha contrario a la inmigración, obtuvo por primera vez escaños en el Parlamento. No obstante, la CDU-CSU obtuvo el mayor porcentaje de votos. Angela Merkel se aseguró un cuarto mandato como canciller.

Angela Merkel recibió la Medalla Presidencial de la Libertad de Estados Unidos en 2011. Merkel recibió la medalla por promover la libertad y los derechos humanos en Alemania y en todo el mundo.

Destacados

- En las primeras elecciones posteriores a la reunificación, en diciembre de 1990, Angela Merkel obtuvo un escaño en el Bundestag (cámara baja del parlamento) en representación de Stralsund-Rügen-Grimmen.
- Merkel fue nombrada ministra de la Mujer y la Juventud por el canciller Helmut Kohl en enero de 1991.
- El segundo mandato de Merkel se caracterizó en gran medida por su papel personal en la respuesta a la crisis de la deuda de la eurozona.
- Más de un millón de migrantes entraron en Alemania en 2015, y el partido de Merkel pagó un alto precio político por su postura ante los refugiados.

Preguntas de investigación

---

1. ¿Qué consejo le darías a una chica o mujer nueva en tu escuela o trabajo?

2. ¿Qué consejo recibe o recibió de una de sus profesoras que le inspire?
3. ¿Qué personaje femenino de la televisión le inspira más por su estilo de vida y su sentido de la moda?

Tsai Ing-wen (nacido en 1956)

Primera mujer presidenta de Taiwán

"Taiwán es la República de China, la República de China es Taiwán".

La primera mujer presidenta de Taiwán fue la profesora de Derecho y política Tsai Ing-wen. Asumió el cargo de presidenta en 2016. Tsai, de ascendencia hakka, fue la primera persona con ascendencia en una de las minorías étnicas de Taiwán en ocupar ese cargo.

Tsai Ing-wen nació el 31 de agosto de 1956 en el municipio de Fang-shan, en el condado de P'ing-tung (Taiwán), en el seno de una rica familia de empresarios. Tsai pasó su primera infancia en la costa del sur de Taiwán antes de ir a Taipei, donde completó su educación.

Tsai Ing-wen se licenció en Derecho en 1978 por la Universidad Nacional de Taiwán, en Taipei. Cursó estudios de posgrado en el extranjero y obtuvo un máster en Derecho por la Universidad de Cornell, en Ithaca (Nueva York), en 1980.

Tsai Ing-wen se doctoró en Derecho por la London School of Economics, en Inglaterra, en 1984. Después regresó a Taiwán, donde hasta el año 2000 enseñó Derecho en universidades de Taipei.

Tsai Ing-wen comenzó a trabajar en el gobierno a principios de los años 90, cuando fue nombrada asesora de política comercial en la administración del Presidente Lee Teng-hui. En ese puesto, desempeñó un papel importante en las negociaciones que allanaron el camino para que Taiwán entrara en la Organización Mundial del Comercio en 2002.

En 2000, Chen Shui-bian, del Partido Democrático Progresista (PDP), se convirtió en presidente de Taiwán. Nombró a Tsai presidenta del Consejo de Asuntos del Continente, responsable de las relaciones entre Taiwán y China. El Consejo se enfrentó a importantes retos durante el gobierno de Chen por la resistencia del DPP a China y porque pedía que Taiwán se convirtiera en un país independiente.

En 2004, Tsai Ing-wen se afilió al DPP y fue elegida diputada de la Asamblea Nacional de Taiwán. Renunció a su escaño a principios de 2006, cuando fue nombrada viceprimera ministra de Taiwán.

Tsai Ing-wen permaneció en ese puesto hasta mayo de 2007. En 2008, tras la derrota del DPP en las elecciones presidenciales de Taiwán, Tsai fue elegida como la primera mujer presidenta del partido. Tsai reconstruyó con éxito el DPP tras su derrota y fue reelegida para el cargo en 2010.

Tsai Ing-wen se presentó a la alcaldía de la ciudad de Nuevo Taipéi, pero perdió las elecciones. Tsai también perdió la carrera presidencial de 2012 contra el actual Ma Ying-jeou, del Partido Nacionalista (Kuomintang o KMT). A pesar de estos reveses, se la consideraba una candidata respetable y elegible. Su popularidad no hizo más que aumentar durante la segunda administración de Ma, ya que su gobierno estaba sumido en la corrupción y la incompetencia.

El DPP volvió a designar a Tsai Ing-wen como su candidata para las elecciones presidenciales de 2016. Se presentó contra Eric Chu, del KMT. La campaña de Tsai se centró en los malos resultados del KMT y en sus relaciones cada vez más amistosas con China.

Tsai Ing-wen también hizo hincapié en los continuos malos resultados de la economía de Taiwán. El 16 de enero de 2016, Tsai derrotó con contundencia a Chu, y fue investida el 20 de mayo. Además de ser la primera mujer presidenta de Taiwán, Tsai también se convirtió en la segunda persona en ganar la presidencia que no era miembro del KMT.

Tras su victoria, Tsai Ing-wen trató de asegurar a una China preocupada que mantendría relaciones cordiales con el continente.

Destacados

- Tsai Ing-wen pasó su primera infancia en la costa del sur de Taiwán antes de ir a Taipei, donde completó su educación.
- En diciembre de 2016, el delicado equilibrio de las relaciones entre Taiwán y China se vio perturbado cuando Tsai realizó una llamada telefónica al presidente electo de Estados Unidos, Donald Trump, quien dio un vuelco a varias décadas de protocolo diplomático al convertirse en el primer jefe del Ejecutivo estadounidense en hablar con su homólogo taiwanés desde 1979.
- Aunque Tsai Ing-wen y Trump dirían después que su llamada no indicaba un cambio de política, en 2019 la administración Trump se había comprometido a realizar importantes ventas de armas a Taiwán que incluían, tanques, misiles y cazas.
- Tras haber defendido las impopulares reformas de las políticas energéticas y de pensiones de Taiwán, Tsai Ing-wen fue testigo de una considerable caída de su popularidad a medida que se acercaban las elecciones presidenciales de 2020.

Preguntas de investigación

---

1. ¿Qué cree que pasará si desmontamos sistemáticamente la idea de que los hombres y las mujeres son intrínsecamente diferentes?
2. ¿Cómo apoyaron/apoyan tus padres tus sueños?
3. ¿Qué tan difícil cree que es conciliar el trabajo, la vida familiar y ocupar un puesto de liderazgo?

Tu regalo

Tienes un libro en tus manos.

No es un libro cualquiera, es un libro de Student Press Books. Escribimos sobre héroes negros, mujeres empoderadas, mitología, filosofía, historia y otros temas interesantes.

Ya que has comprado un libro, queremos que tengas otro gratis.

Todo lo que necesita es una dirección de correo electrónico y la posibilidad de suscribirse a nuestro boletín (lo que significa que puede darse de baja en cualquier momento).

¿A qué espera? Suscríbase hoy mismo y reclame su libro gratuito al instante. Todo lo que tiene que hacer es visitar el siguiente enlace e introducir su dirección de correo electrónico. Se le enviará el enlace para descargar la versión en PDF del libro inmediatamente para que pueda leerlo sin conexión en cualquier momento.

Y no te preocupes: no hay trampas ni cargos ocultos; sólo un regalo a la vieja usanza por parte de Student Press Books.

Visite este enlace ahora mismo y suscríbase para recibir un ejemplar gratuito de uno de nuestros libros.

Link: https://campsite.bio/studentpressbooks

Libros

Nuestros libros están disponibles en las principales librerías online. Descubra los paquetes digitales de nuestros libros aquí:
https://payhip.com/studentPressBooksES

La serie de libros sobre la historia de la raza negra.

Bienvenido a la serie de libros sobre la historia de la raza negra. Conozca los modelos de conducta de los negros con estas inspiradoras biografías de pioneros de América, África y Europa. Todos sabemos que la Historia de la raza negra es importante, pero puede ser difícil encontrar buenos recursos.

Muchos de nosotros estamos familiarizados con los sospechosos habituales de la cultura popular y los libros de historia, pero estos libros también presentan a héroes y heroínas afroamericanas menos conocidos de todo el mundo cuyas historias merecen ser contadas. Estos libros de biografías te ayudarán a comprender mejor cómo el sufrimiento y las acciones de las personas han dado forma a sus países y comunidades marcando a las futuras generaciones.

Títulos disponibles:

1. 21 líderes afroamericanos inspiradores: Las vidas de grandes triunfadores del siglo XX: Martin Luther King Jr., Malcolm X, Bob Marley y otras personalidades

2. 21 heroínas afroamericanas extraordinarias: Relatos sobre las mujeres de raza negra más relevantes del siglo XX: Daisy Bates, Maya Angelou y otras personalidades

La serie de libros "Empoderamiento femenino".

Bienvenido a la serie de libros Empoderamiento femenino. Descubre los intrépidos modelos femeninos de los tiempos modernos con estas inspiradoras biografías de pioneras de todo el mundo. El empoderamiento femenino es un tema importante que merece más atención de la que recibe. Durante siglos se ha dicho a las mujeres que su lugar está en el hogar, pero esto nunca ha sido cierto para todas las mujeres o incluso para la mayoría de ellas.

Las mujeres siguen estando poco representadas en los libros de historia, y las que llegan a los libros de texto suelen quedar relegadas a unas pocas páginas. Sin embargo, la historia está llena de relatos de mujeres fuertes, inteligentes e independientes que superaron obstáculos y cambiaron el curso de la historia simplemente porque querían vivir su propia vida.

Estos libros biográficos te inspirarán a la vez que te enseñarán valiosas lecciones sobre la perseverancia y la superación de la adversidad. Aprende de estos ejemplos que todo es posible si te esfuerzas lo suficiente.

Títulos disponibles:

1. 21 mujeres sorprendentes: Las vidas de las intrépidas que rompieron barreras y lucharon por la libertad: Angela Davis, Marie Curie, Jane Goodall y otros personajes
2. 21 mujeres inspiradoras: La vida de mujeres valientes e influyentes del siglo XX: Kamala Harris, Madre Teresa y otras personalidades
3. 21 mujeres increíbles: Las inspiradoras vidas de las mujeres artistas del siglo XX: Madonna, Yayoi Kusama y otras personalidades
4. 21 mujeres increíbles: La influyente vida de las valientes mujeres científicas del siglo XX

La serie de libros de Líderes Mundiales.

Bienvenido a la serie de libros de Líderes Mundiales. Descubre los modelos reales y presidenciales del Reino Unido, Estados Unidos y otros países. Con estas biografías inspiradoras de la realeza, los presidentes y los jefes de Estado, conocerás a los valientes que se atrevieron a liderar, incluyendo sus citas, fotos y datos poco comunes.

La gente está fascinada por la historia y la política y por aquellos que la moldearon. Estos libros ofrecen nuevas perspectivas sobre la vida de personajes notables. Esta serie es perfecta para cualquier persona que quiera aprender más sobre los grandes líderes de nuestro mundo; jóvenes lectores ambiciosos y adultos a los que les gusta leer sobre personajes interesante.

Títulos disponibles:

1. Los 11 miembros de la familia real británica : La biografía de la Casa de Windsor: La reina Isabel II y el príncipe Felipe, Harry y Meghan y más
2. Los 46 presidentes de América : Sus historias, logros y legados: De George Washington a Joe Biden
3. Los 46 presidentes de América: Sus historias, logros y legados - Edición ampliada

La serie de libros de Mitología Cautivadora.

Bienvenido a la serie de libros de Mitología Cautivadora. Descubre los dioses y diosas de Egipto y Grecia, las deidades nórdicas y otras criaturas mitológicas.

¿Quiénes son estos antiguos dioses y diosas? ¿Qué sabemos de ellos? ¿Quiénes eran realmente? ¿Por qué se les rendía culto en la antigüedad y de dónde procedían estos dioses?

Estos libros presentan nuevas perspectivas sobre los dioses antiguos que inspirarán a los lectores a considerar su lugar en la sociedad y a aprender sobre la historia. Estos libros de mitología también examinan temas que influyeron en ella, como la religión, la literatura y el arte, a través de un formato atractivo con fotos o ilustraciones llamativas.

Títulos disponibles:

1. El antiguo Egipto: Guía de los misteriosos dioses y diosas egipcios: Amón-Ra, Osiris, Anubis, Horus y más

2. La antigua Grecia: Guía de los dioses, diosas, deidades, titanes y héroes griegos clásicos: Zeus, Poseidón, Apolo y otros
3. Antiguos cuentos nórdicos: Descubriendo a los dioses, diosas y gigantes de los vikingos: Odín, Loki, Thor, Freya y más

La serie de libros de Teoría Simple.

Bienvenido a la serie de libros de Teoría Simple. Descubre la filosofía, las ideas de los antiguos filósofos y otras teorías interesantes. Estos libros presentan las biografías e ideas de los filósofos más comunes de lugares como la antigua Grecia y China.

La filosofía es un tema complejo, y mucha gente tiene dificultades para entender incluso lo más básico. Estos libros están diseñados para ayudarte a aprender más sobre la filosofía y son únicos por su enfoque sencillo. Nunca ha sido tan fácil ni tan divertido comprender mejor la filosofía como con estos libros. Además, cada libro también incluye preguntas para que puedas profundizar en tus propios pensamientos y opiniones.

Títulos disponibles:

1. Filosofía griega: Vidas e ideales de los filósofos de la antigua Grecia: Sócrates, Platón, Protágoras y otros
2. Ética y Moral: Filosofía moral, bioética, retos médicos y otras ideas éticas

La serie de libros Empoderamiento para jóvenes empresarios.

Bienvenido a la serie de libros Empoderamiento para jóvenes empresarios. Nunca es demasiado pronto para que los jóvenes ambiciosos comiencen su carrera. Tanto si eres una persona con mentalidad empresarial que intentas construir tu propio imperio, como si eres un aspirante a empresario que comienza el largo y sinuoso camino, estos libros te inspirarán con las historias de empresarios de éxito.

Conoce sus vidas y sus fracasos y éxitos. Toma el control de tu vida en lugar de simplemente vivirla.

Títulos disponibles:

1. 21 empresarios de éxito: Las vidas de importantes personalidades exitosas del siglo XX: Elon Musk, Steve Jobs y otros
2. 21 emprendedores revolucionarios: La vida de increíbles personalidades del siglo XIX: Henry Ford, Thomas Edison y otros

La serie de libros de Historia fácil.

Bienvenido a la serie de libros de Historia fácil. Explora varios temas históricos desde la edad de piedra hasta los tiempos modernos, además de las ideas y personas influyentes que vivieron a lo largo de los tiempos.

Estos libros son una forma estupenda de entusiasmarse con la historia. Los libros de texto, áridos y aburridos, suelen desanimar a la gente, pero las historias de personas corrientes que marcaron un punto de inflexión en la historia mundial, son muy atrayentes. Estos libros te dan esa oportunidad a la vez que te enseñan información histórica importante.

Títulos disponibles:

1. La Primera Guerra Mundial, sus grandes batallas y las personalidades y fuerzas implicadas
2. La Segunda Guerra Mundial: La historia de la Segunda Guerra Mundial, Hitler, Mussolini, Churchill y otros protagonistas implicados
3. El Holocausto: Los nazis, el auge del antisemitismo, la Noche de los cristales rotos y los campos de concentración de Auschwitz y Bergen-Belsen
4. La Revolución Francesa: El Antiguo Régimen, Napoleón Bonaparte y las guerras revolucionarias francesas, napoleónicas y de la Vendée

Nuestros libros están disponibles en las principales librerías online.
Descubra los paquetes digitales de nuestros libros aquí:
https://payhip.com/studentPressBooksES

Conclusión .

Esperamos que haya disfrutado de esta colección de 21 mujeres inspiradoras del siglo XX. Después de leer sobre estas mujeres, estamos seguros de que te sentirás un poco más inspirada.

Desde Benazir Bhutto hasta Kamala Harris y Serena Williams, existe una historia para todas , ya sea para empoderarse o para sentirse inspiradas. Así que adelante, ¡Escoge una de las citas célebres de cada mujer!

Se trata de mujeres intrépidas que desafiaron su tiempo y lograron grandes hazañasen sus vidas, demostrando que cualquier mujer puede ser una inspiración para que otras mujeres sigan su ejemplo con un poco de trabajo duro y determinación. Estas mujeres marcaron un antes y un después rompiendo barreras, mucho antes de que fuera aceptable.

Asegúrate de sacar tiempo para otra lectura y vuelve a inspirarte.

¿Has leído esta lectura educativa? ¿Qué te ha parecido? ¡Háznoslo saber con una bonita reseña del libro!

Nos encantaría leerte, así que no te olvides de escribir una.

www.ingramcontent.com/pod-product-compliance
Ingram Content Group UK Ltd.
Pitfield, Milton Keynes, MK11 3LW, UK
UKHW022014190726
13853UKWH00005B/1936

9 789493 258334